ROMPIENDO
EL SILENCIO

DEL MALTRATO INFANTIL Y EL PECADO, A LA CONSTRUCCIÓN DE UNA FAMILIA BENDECIDA

HILDA CORADO DE LEÓN

ROMPIENDO
EL SILENCIO

DEL MALTRATO INFANTIL Y EL PECADO,
A LA CONSTRUCCIÓN DE UNA FAMILIA BENDECIDA

Autora:
Hilda Corado De León
Telf.: (609) 789 6020
E-mail: Coradohilda0@gmail.com

Edición:
Sadie Hernández Cajiao
Living Word Publishing House
livingwordeditor@gmail.com

Diseño:
D.G. Verónica Maldonado Dávila

Prologado por Olga Agustina Sánchez
Psicóloga Clínica,
PhD. en Consejería pastoral

Publicado en U.S.A.

I.S.B.N. 978-1-7343704-9-2

AGRADECIMIENTO Y DEDICATORIA

Dejo constancia de mi infinito agradecimiento a Dios Todopoderoso por darme las fuerzas y la sabiduría para poder escribir este libro. Digo, como el apóstol Pablo: "Todo lo puedo en Cristo que me fortalece"…

Como no puede ser de otra manera, dedico este libro a mi amado esposo **Hugo De León**, porque él fue parte esencial en mi crecimiento como persona.

Mi esposo es un hombre admirable por su serenidad y su aplomo. Es un hombre de palabra, y su mejor virtud es su responsabilidad con su hogar, sus hijos, su trabajo; en estos tiempos es muy difícil encontrar caballeros de su talla.

Él es la mayor bendición de todas las bendiciones que Dios me ha concedido. Mi espíritu reposa después de tantos tormentos en mi vida, no solamente porque mi esposo me da amor y seguridad, sino porque además, juntos hemos aceptado a Jesucristo como nuestro único y suficiente salvador… y juntos le damos gloria a Dios cada anochecer y cada amanecer.

Hugo, yo y nuestros hijos: Arianna, Huguito y Juan Francisco que justo está naciendo en estos días que termino de escribir este libro, te amamos y respetamos como la cabeza de nuestro hogar.

Diciembre 2022

PRÓLOGO

La autora se llenó de valentía y osadía para escribir este libro; por tal razón, es digna de encomio. Sólo una persona llena de coraje se atreve a contar una historia de esta índole.

Ésta es una historia fascinante y llena de lucidez, energía y emoción. Ella desglosa la horrible vivencia que experimentó, tanto en su familia, como en el ambiente social, desde su niñez hasta parte de su vida de adulta.

Cada persona que lea este libro quedará impresionada, por la forma tan clara y sencilla, pero firme, como ella describe cada etapa de su crecimiento. Todo el sufrimiento, el desprecio y el rechazo que recibió esta joven, pudo haberla amargado y destruido emocionalmente, pero ella fue fuerte y sabia para salir de ese rollo de cosas negativas. Es así que hoy puede contarnos sin avergonzarse.

Esta fascinante historia está escrita de forma metódica, pero a la vez colorida, sencilla y clara, que cualquiera la puede leer sin sentir aburrimiento alguno. Cada serie nos guía con emoción a leer la siguiente, y cada página es promotora de la próxima.

No sólo nos invita a leer, sino también a aprender: los padres pueden aprender a tratar con amor y cortesía a los hijos, y a valorarlos por encima de sus defectos. Los familiares pueden aprender a valorar a sus hermanos, a pesar de cualquier deficiencia física que tengan, y no menospreciarlos, ni burlarse de ellos. La sociedad en su conjunto puede aprender a ser misericordiosa, tolerante y solidaria.

Esta obra es un espejo claro para mirarnos, y entender que, a pesar de cualquier circunstancia adversa, podemos seguir adelante sin titubear. La victoria de cada persona está en su mente y en su corazón, no en lo que otros piensen o digan de ella. Cada cual tiene un valor especial para Dios, y debe reconocerlo y practicarlo.

¡Nunca se arrepentirán de haber leído esta preciosa historia!

Agustina Olga Sánchez, PhD.
Psicóloga Clínica
Pastora adjunta de la Iglesia "Ríos de Agua Viva" A.D.
Windsor, New Jersey.

CONTENIDO

*"El Señor su Dios es compasivo
y misericordioso.*

*Si ustedes se vuelven a él,
jamás los abandonará."*

2 Crónicas 30:9b

CAPÍTULO 1

MI NACIMIENTO Y LAS ENFERMEDADES EN MI INFANCIA Y NIÑEZ

Mi nombre completo es Ada Hilda Corado y Corado. Nací en un caserío que se llama "El Pericón", perteneciente al Municipio de Conguaco, Jutiapa, Guatemala.

Mi mamá me cuenta que cuando le faltaban algunos días para que yo naciera, se le reventó la fuente, y rápidamente mandó a uno de mis hermanos a llamarle a una persona que atendía los partos; pero, para cuando llegó, yo ya había nacido, y la partera sólo tuvo que cortar el cordón umbilical. Mi mamá dice que cuando nací era blanquita, y mi cabello de rizos dorados.

También cuenta mi Mamá, que cuando yo tenía meses de nacida, comencé a padecer de asma; y que cierto día me puse muy grave, con fiebre altísima, al punto que me velaban día y noche, porque según todos, yo ya no tenía esperanza de vida. Sólo esperaban mi muerte… Eso se suponía, mayormente por las condiciones en las que vivíamos. Mis padres no tenían los recursos económicos, ni los medios de transporte para llevarme a un Centro de Salud. Ellos hacían todo lo que estaba a su alcance para que yo mejorara, pero nada de eso sucedía; al contrario, me ponía peor. Así pasaban los días y poco a poquito, rogándole a Dios, fui mejorando. La fiebre iba disminuyendo, hasta que por fin recobré mi salud, y por puro milagro sobreviví.

Al parecer, la mayor parte de mi infancia viví enferma, porque mi Mamá dice que cuando tenía dos o tres años, me enfermé nuevamente; pero esta vez con diarrea, vómitos y fiebre muy alta. Dice que me adelgacé tanto, que sólo los huesos se me sentían. Mi Mamá estaba embarazada. Ella creía que, probablemente, su embarazo me afectó, pues mi diarrea y los vómitos desaparecieron cuando dio a luz a mi hermano.

Después se dieron cuenta de que las reiteradas fiebres altas, el vómito y la diarrea que sufrí todo ese tiempo, no fueron por causa de su embarazo, sino por una terrible enfermedad llamada: POLIOMELITIS. Esa enfermedad me dejó grandes secuelas, porque la mitad de mi cuerpo, el lado izquierdo: el brazo, la mano, el pecho, se quedaron con menos masa muscular y con menos movilidad. Lo más visible, mi pierna izquierda, me quedó bastante delgada, y al compararla con la pierna derecha se nota la gran diferencia. Mi pie izquierdo también es más pequeño, delgado, y no tengo ninguna fuerza para moverlo, ya que la Poliomielitis afectó los nervios y la masa muscular. Me cuesta caminar, lo tuerzo hacia adentro, cojeo un poco y me caigo con facilidad; no puedo caminar o correr por mucho tiempo, porque me duele la pierna y el tobillo; tampoco puedo usar zapatos de tacos altos, porque como no tengo fuerzas en mi pie, entonces se me dobla y me duele… ¡Aunque me gustaría poder usarlos!

Como mis padres eran de bajos recursos económicos, no hicieron lo posible para llevarme a terapias, o a donde un médico, para que me pudieran ayudar; no se dieron cuenta de mi verdadero problema, sino que lo tomaron como algo normal, pues cuando estaba pequeña, mi pierna y pie se miraban normales, sin ningún defecto, con la única diferencia que me caía con facilidad, a lo que no le dieron importancia. Pero, cuando tenía alrededor de 10 años de edad, mi mamá comenzó a darse cuenta del problema en mi pierna y pie, y decidió llevarme algunas veces a "El Salvador" donde un señor que se llamaba "Don salva". Según mi mamá, ese señor podía ayudarme con mi defecto, pero lo único que me daba era unos botes de bálsamos para que todas las noches me hiciera masajes en la pierna y tobillo. Yo pensaba que eso me iba a curar, y feliz, todas las noches me hacía masajes tal y como él me decía, pero nunca obtuve ningún resultado positivo.

Como no sentía dolor alguno, yo misma lo tomaba como normal; pero eso cambió cuando mis hermanos comenzaron a burlarse, porque a cada rato me caía, y no metía las manos para detenerme, sino que siempre me caía de boca. Es que como no tenía fuerza en el pie, entonces lo doblaba o metía hacia adentro, y con ese mismo pie me tropezaba y con facilidad me caía… ¡Mis rodillas las mantenía raspadas.

Mis padrinos, por su parte, cada vez que me miraban me decían "la despeltrada", porque siempre me miraban con las rodillas raspadas y ensangrentadas. Cuando estaba parada, toda la fuerza la ponía en el pie derecho, y cuando mi papá se daba cuenta me decía: "párate bien con los dos pies para que ese pie agarre fuerza", y me regañaba. Cuando salíamos a lugares lejanos, mi mamá nunca me encargaba algo que se pudiera quebrar, no confiaba en mí, porque sabía que yo me caía con facilidad y se podía romper. Con todo eso, yo creía que por esa causa no era capaz de hacer cosas importantes, y sentía que ese defecto me limitaba a todo.

Desde temprana edad todos comenzaron a desconfiar de mi capacidad. Mis padres siempre me miraban y me trataban como una niña inútil, buena para nada; nunca me confiaban algo grande e importante como cuidar o cargar a un niño pequeño, porque pensaban que no lo podía hacer; confiaban más en mis hermanos pequeños que en mí, y yo me daba cuenta de eso, y me sentía mal. Así fue todo el tiempo… Frente a todo eso, comencé a no confiar en mí misma y a sentirme insegura; me consideraba una niña inútil. Para peor, cuando se me caía o quebraba algo, o cuando me equivocaba, mis padres me regañaban y enojados me decían: "inútil, no servís para nada, bruta, pasmada"… y yo, asustada, llena de miedo y de culpabilidad me ponía a llorar. ¿Te puedes imaginar esas palabras y muchas otras más resonando en tu mente o en tus oídos? ¡Y eso era de todos los días!

Los hijos les teníamos mucho miedo a nuestros padres, porque nos regañaban y nos pegaban muy fuerte. Desde ahí comencé a traumarme y a creer todas esas palabras negativas que me decían. Luego supe que fueron una maldición que dejó una herida en mi, herida que estuvo abierta por muchos años. Lo peor es que por mi condición física, sentía que mis padres querían más a mis hermanos que a mí, y me sentía menos que ellos… peor era todavía cuando burlándose mis hermanos me afirmaban que yo "era la más tonta y fea de la familia". Me molestaban y bromeando decían que yo era adoptada.

Con decir todo esto, no estoy culpando a mis padres, y tampoco tengo odio ni rencor en contra de mis hermanos. Estoy consciente de que, a lo mejor, a mis padres, en su niñez o adolescencia también los trataron de la misma forma, y esa era la única manera que ellos conocían de cómo "educar" a los hijos.

Rechazo y discriminación

Por la deficiencia en mi pierna, mi pie, y por mi forma de caminar, a temprana edad comenzaron a rechazarme y a discriminarme. Mientras avanzaban los días, ya no eran sólo los de mi familia quienes se burlaba de mí. Cuando entré a estudiar, mis compañeros de la escuela también se burlaban y me molestaban; me decían palabras feas e hirientes, y cuando salíamos de las clases me corrían, me tiraban piedras, y me echaban lodo.

Pero como era de corta edad, no le ponía mucha atención cuando me molestaban; a lo mejor todavía no comprendía muy bien mi situación, y por eso no me afectaba mucho emocionalmente. Pero, aunque en el momento no me afectaba, quiera o no, eso iba quedando grabado en mi mente, e iba creando una inseguridad y desconfianza en mí misma, y también baja autoestima.

Cierto día, mis hermanas mayores fueron a traer a mi sobrinita recién nacida para tenerla un rato en la casa, ya que mi hermano y mi cuñada vivían cerca. Un rato después de haberla traído comenzó a llover, y mi mamá me dio a la niña para que fuera a dejársela a mi cuñada. Yo tenía más o menos ocho o nueve años de edad, y, pues, la abracé y me la llevé, casi corriendo, porque se podía mojar; pero cuando llegué a la casa, la entrada estaba resbalosa por la lluvia, me resbalé y me fui de boca… caí encima de la bebé, y mi cuñada, enojada, dijo que la había botado. Mi mamá también me regañó, así que me sentí culpable e impotente. Creía y sentía que no podía hacer cosas importantes. Para acentuar mis temores, después de este acontecimiento, no me confiaban sino cosas elementales, porque pensaban que me podía caer, o que no las podría hacer. Todo eso me afectaba, porque en mi mente me sentía inútil.

Los de mi familia me miraban como una tonta; nadie me daba importancia ni me ponían atención; hasta se avergonzaban de mí, y a mis hermanas no les gustaba llevarme cuando salían; y cuando me llevaban, sólo andaban las dos juntas, y a mí me dejaban siempre sola; tal vez no lo hacían con mala intención, pero igual, yo me sentía menos, aunque no decía nada. Cierta ocasión mi mamá fue a visitar a unos de sus hermanos, y yo fui con ella; y en la tarde, ya entrada la noche, mis primas me llevaron a comprar a la tienda, cerca de su casa; en el camino encontramos a unas niñas como de mi edad; ellas les preguntaron a mis primas que quién era yo; les respondieron que yo era su prima, entonces las niñas les dijeron: ¡Ah, bueno, pero que fea es tu prima!... Cuando escuché eso, inmediatamente me sentí fea, y se me quedó eso grabado en mi mente, y siempre que me miraba en un espejo me veía y sentía fea, tal y como esas niñas lo habían dicho.

Mi mamá iba con frecuencia a donde su amiga, para hacer quesadillas de arroz, ya que esa amiga tenía panadería y le prestaba el horno.

Mi mamá siempre me llevaba con ella, y mientras horneaba, yo me iba a donde una tía mía que vivía cerca de allí, a jugar con su nieta que tenía más o menos mi edad. A esa niña le recortaron su cabello como en "corte de hongo", y a mí me gustó cómo le había quedado, así que le dije a mi mamá que yo también quería que me lo cortaran así. Mi mamá no quería, y yo le lloraba para que aceptara; al fin aceptó, y me llevó a que me hicieran el corte, pero no me lo cortaron como yo quería, sino como corte de hombre, y no me gustó. A consecuencia de ese corte de mi cabello, más me molestaban: me decían que yo era niño y no niña, y así, más fea me sentía.

*"La bondad y el amor me seguirán
todos los días de mi vida;
y en la casa del Señor
habitaré para siempre."*

Salmo 23:6

CAPÍTULO 2

MI ESTILO Y FORMA DE VIDA EN EL CAMPO

Somos 13 hermanos en total, de los cuales 8 estamos vivos y 5 ya están muertos; soy la numero 10. Mi familia era de muy bajos recursos económicos; además, mis padres nunca trabajaban en equipo, cada uno trabajaba por su cuenta, y a veces hasta se envidiaban y se peleaban por lo mismo, actitud que quiera o no, nos afectaba como hijos, ya que un matrimonio tiene que trabajar en equipo, porque ya no son dos, sino una sola carne.

A consecuencia, vivíamos en extrema pobreza, en una casita con techo de paja y con paredes de varas de bambú. Dormíamos en camitas de madera con petates; y la cocina era una galerita que cuando llovía toda la correntada se nos metía y se hacía mucho lodo. Y también el agua se metía o goteaba en el cuarto donde dormíamos, y se nos mojaba la ropa, las camas y todo lo demás, y también se hacía lodo; pero como nosotros ya estábamos acostumbrados a eso, lo mirábamos como algo normal.

Mi papá era agricultor y mi mamá ama de casa; ella también hacia melcochas de azúcar y de panela, dulces de leche y quesadillas de arroz, y salía a venderlas a las aldeas que estaban cerca de donde vivíamos. Con lo poco que ganaban nos mantenían a todos, y apenas les alcanzaba para la comida; y como vivíamos lejos del pueblo, también les costaba ir a comprar alimento. Pero como mi papá era agricultor, el frijol y el maíz nunca nos faltaban, gracias a Dios. Teníamos que desgranar las mazorcas con los dedos para luego cocer el maíz para hacer tortillas; mis hermanas y mi mamá hacían un gran canasto de tortillas; pero para hacer la masa, teníamos que en una maquina moler el maíz ya cocido. Como yo estaba pequeña, cuando les ayudaba a mis hermanas, me costaba hacerlo, y eso era de todos los días; a veces comíamos sólo tortilla con sal y limón, y en vez de café con pan, comíamos café con tortilla tostada. La metíamos en el café y así nos la comíamos.

Cuando mi mamá iba al pueblo a donde su amiga a hacer sus quesadillas de arroz para vender, como esa señora tenía panadería, y a veces no vendía todo el pan y se le ponía duro, entonces se lo regalaba a mi mamá. Cuando ella llegaba a casa con todo ese pan, nos sentíamos contentos, porque pasábamos varios días comiendo pan con café. Sólo lo metíamos en el café y se suavizaba, y para nosotros era una bendición y felicidad que mi mamá nos llevara todo ese pan tieso. Cuando teníamos pan, hasta fila hacíamos para esperar que estuviera el café.

Pero a pesar de que éramos de escasos recursos económicos, mi papá sembraba muchos vegetales: cebollines, tomates, güisquiles, calabazas; y árboles frutales de bananos, naranjas, mangos, limones, jocotes, jícama, pitaya, paternas, aguacates, mora, y muchos más. Tenía una huerta sólo de bananos; no había necesidad de comprar frutas, porque allí mismo se producía; Dios nunca nos desamparó, siempre teníamos algo para comer…

También nos era difícil conseguir el agua para beber, y cuando llovía, mi mamá siempre ponía un canal de metal en lo alto para poder recibir y guardar el agua de la lluvia, y así tener para beberla, ya que el rio estaba como a una hora más o menos, y sólo en caballo iban a traerla. Pero también había una poza onda algo cerca, y cuando no llovía por varios días, rápido se secaba; pero al fondo tenía una como cueva, y allí vertía el agua que para lograr llenar un cántaro o un recipiente grande. Esa cuevita, en toda la noche acumulaba agua, y al llegar temprano, se podía llenar varios recipientes. Si no íbamos bien temprano, ya la gente la había vaciado, por lo que teníamos que esperar a que volviera a verter, para llenar nuestro cántaro. Como la cuevita tardaba mucho en llenarse, allí pasábamos esperando por algunas horas. Cuando llovía, la poza se llenaba y aprovechábamos a ir a traer bastante agua, y hasta lavábamos la ropa y nos bañábamos allí. Pero, cuando no estaba llena, nos tocaba ir hasta el rio, caminando, como a una hora o más.

Al río nos íbamos temprano. Llevábamos almuerzo y allá pasábamos casi todo el día, lavando. Como yo estaba pequeña, no me costaba, ni me cansaba, porque apenas lavaba sólo mi ropa; y cuando terminaba me iba a buscar mangos, o a jugar a las pozas; después me bañaba, y nos regresábamos a casa con nuestros guacales llenos de ropa limpia...

Los recursos económicos a mis papás no les alcanzaba para comprarnos zapatos, y casi siempre andábamos descalzos. Nos íbamos al pueblo descalzas, o con zapatos viejos. En la entrada del pueblo vivía una señora que nos regalaba agua para lavarnos los pies, porque cuando llovía hacía mucho lodo y nos ensuciábamos más. Nos lavábamos y con los pies limpios nos poníamos los zapatos; a veces, cuando la señora no tenía agua, o no estaba en su casa, sólo nos limpiábamos los pies, o si no, así con lodo me ponía las calcetas y los zapatos limpios. Al regreso a casa hacíamos a la inversa: nos quitábamos los zapatos nuevos y nos poníamos los zapatos viejos, o nos íbamos descalzas.

Andábamos sin zapatos, y cuando llovía, los pies los manteníamos negros de tanto lodo. Como por la condición de mi pierna muy seguido me tropezaba en las piedras, a cada rato eran chorros de sangre que me salían de los dedos del pie. Así pasaba la mayoría del tiempo con los pies despellejados; pero además, por la fuerza del tropezón, hasta me desgonzaba los dedos, y se me inflamaba todo alrededor. Me dolía mucho al tocarlo. Mi mamá siempre me llevaba a donde un señor a que me sobara el pie para que el gonce del dedo volviera a su lugar; a veces me dolía tanto, que pegaba unos gritos, pero tenía que ir allí, a lo mismo, muy seguido, tanto que el señor hasta me hacía burla porque decía que no tengo cuidado.

Un día había llovido a cántaros, y mi mamá me mandó que les llevara comida a unos cerdos que criaba;

yo fui descalza, y cuando me acerque para darles la comida, metí los pies al fango de lodo y excremento que habían hecho los cerdos. Como al fondo había piedras y pedazos de vidrio, se me insertó un gran pedazo de vidrio en el dedo grande del pie derecho. Cojeando llegué a donde mi mamá, y ella rápido me lavó... la herida era grande, pero como no me llevó a que me pusieran puntos, esperé a que se sanara con el tiempo. A lo mejor me quedó algo adentro, o no sé qué paso, pero lo cierto es que me quedó esa parte como dormida, pues cuando me toco, no siento nada.

Después de que mi papá sembraba el maíz y frijol, esperaba a que naciera, y nos llevaba todo el día a que le ayudáramos a abonar la milpa. Le llevábamos almuerzo y allí comíamos. Cuando llegaba la cosecha, siempre nos íbamos a buscar y a recoger lo que quedaba regado en el suelo, o lo que se les olvidaba recoger a los que cosechaban. A eso le llamábamos "puchuela".

A veces encontrábamos frijol en el suelo y lo recogíamos grano por grano; y las mazorcas de maíz que encontrábamos, de una vez las desgranábamos con los dedos, y nos llevábamos a casa; allí lo pesábamos para ver cuántas libras habíamos conseguido, y luego lo íbamos a vender al pueblo. De ese dinero que ganábamos, parte lo guardábamos para comprar cohetes para Navidad y Año Nuevo.

Mi felicidad a pesar de la escasez y sufrimientos

Así como teníamos tiempos de escasez y de sufrimiento, reconozco que también teníamos tiempos de alegría; porque cuando se acercaban las fechas de la Navidad y el Año Nuevo, nos íbamos al bosque y cortábamos un pino tierno; y arrancábamos hojas de pino, y nos las llevábamos a casa para poner el árbol de Navidad… Mi mamá compraba chicles que tenían la forma de centavos, y eran de muchos colores; con una aguja les pasábamos un hilo por el medio, y con eso adornábamos el árbol.

También era época de estrenar ropa y zapatos, y de comer golosinas… Eso era una gran felicidad y alegría para nosotros, porque mi mamá nos llevaba a comprarlas, y también siempre acostumbraba a hacer tamales y quesadillas para comer. Luego iba al pueblo a comprarnos litros de gaseosas de varios sabores; nos llevaba bolsas de uvas, porque sólo para esa época las vendían. El dinero que habíamos ganado de la "puchuela" se lo dábamos, y nos llevaba cajitas de cohetes, estrellitas, cachinflines y ametralladoras de juegos pirotécnicos; los desmenuzábamos todos, y los echábamos en una bolsa de plástico, y cuando llegaba la "Noche buena" nos juntábamos todos los niños y niñas, y nos poníamos a reventarlos uno por uno. Como mi mamá nos compraba varios, entonces, pasábamos reventándolos hasta la media noche.

Para nosotros, como niños, esa era la felicidad y la alegría de la Navidad. Después de la media noche nos dormíamos y nos levantábamos felices, y mis hermanas y mi mamá despreocupadas, porque no tenían que hacer tortillas casi por una semana, pues pasábamos comiendo sólo tamales. Apenas nos levantábamos, lo primero que yo hacía era ir a buscar los cohetes ya reventados, los juntaba, y los abría; echaba la pólvora en el suelo, hacía un montoncito y cuando le ponía fuego se quemaba y subía una llama que luego se apagaba. Eso me causaba diversión. Para celebrar el Año Nuevo, también volvíamos a hacer lo mismo.

Pero conforme fui creciendo, esas épocas ya no siguieron siendo lo mismo para mí… ¡ya no sentía la misma felicidad y diversión!

CAPÍTULO 3

MUERTE DE MIS DOS HERMANOS Y EL BULLYING EN LA ESCUELA

A pesar de que no éramos cristianos, a mi mamá le gustaba sintonizar la emisora "Radio Cultural TGN". Todos los días escuchábamos las alabanzas y las prédicas. La alabanza que más me gustaba escuchar era: SOMOS EL PUEBLO DE DIOS… La repetían muchas veces al día; también me gustaba escuchar las prédicas del pastor Luis Palau, y sentía algo bonito en mi corazón, y me decía a mi misma: algún día quiero ser cristiana, y siempre me llamaban la atención las cosas de Dios. Él puso ese deseo en mi corazón desde muy temprana edad.

Y Dios siempre cumple los deseos de nuestro corazón, aunque, a veces, para poder cambiar el rumbo de nuestras vidas, tenemos que pasar por momentos difíciles.

Cuando yo tenía 9 años de edad, mataron a dos de mis hermanos: uno de 23 años y el otro de 21 años. Eso fue muy difícil para mi familia, y también para mí; mayormente para mi mamá.

Después de la muerte de mis hermanos, a mí me quedó un inmenso miedo a la oscuridad y a dormir sola, porque sentía como que ellos llegaban a asustarme; y del mismo miedo que sentía, hasta escuchaba pasos y ruidos en la puerta y la pared; los soñaba seguido, y no podía dormir sola porque cuando me tapaba de pies a cabeza, me ponía a sudar y a temblar, y no me podía dormir, pues sentía una sensación rara e inexplicable, como que hasta me podían tocar. Así que mejor me pasaba a dormir con mi mamá, hasta que me acostumbre a dormir con ella, y ya no quise dormir sola. Siempre dormía al pie de la cama, a sus pies.

La Escuela estaba en otra aldea, como a una hora o más de camino, y nos íbamos y volvíamos caminando. Cerca de la escuela estaba el rio donde teníamos la costumbre de ir a lavar ropa, bañarnos y cargar agua. Alrededor había muchos palos de mango y jocotes, y como salíamos de estudiar al medio día, y no llevábamos almuerzo, entonces en el camino nos daba hambre y nos quedábamos un rato cortando los jocotes. Pero como los jocotes estaban en lo más alto del palo, teníamos que trepar para cortarlos. Dado que el palo era un poco alto, se miraba todo el panorama desde arriba. Uno de esos día que nos subimos, cuando yo ya estaba en lo más alto del árbol, a lo lejos vi a dos hombres con sombrero, agachados detrás de un pequeño arbusto; pero como estaban algo lejos y agachados, no les pude ver la cara sino sólo el sombrero.

Cuando los vi, de repente me llené de mucho miedo, pero no dije nada, ni grité, porque como yo era la más pequeña de todos los que estábamos allí, pensé que si les decía estando arriba, a lo mejor se bajarían más rápido y me dejarían atrás, porque también al bajar me tenía que poner los zapatos, y eso me tomaría más tiempo, ya que me costaba ponérmelos. Entonces, sin decir nada, me bajé lo más rápido que pude, me puse los zapatos rápido y sólo entonces les dije lo que había visto, y gritando, y con mucho miedo se bajaron, se pusieron rápido los zapatos y luego todos salimos corriendo…

Los hombres nos gritaban, pero como estaban lejos, no se escuchaba lo que decían. Hablaban como enredado y bien raro; y como era poco tiempo de haber muerto mis hermanos, más me llené de miedo, porque pensé que ellos estaban asustándonos. Yo, con mucho temor, corría, pero como era una subida del camino, sentía que no avanzaba. No paramos de correr y los dos hombres seguían gritándonos; y aunque ya estábamos lejos de ellos, no dejamos de correr hasta que llegamos a la casa casi ahogándonos y temblando. Nunca supimos quiénes eran, y gracias a Dios no nos hicieron nada. Yo tenía como 10 años de edad o un poco menos. Con todo eso, más miedo tenia a la oscuridad, a dormir y a estar sola.

Mis sufrimientos a causa del Bullying en la escuela

Cuando yo tenía 11 años de edad, mis padres decidieron enviarme a estudiar al pueblo, junto con uno de mis hermanos. Viajábamos todos los días como dos horas a pie. Yo iba a entrar a Quinto grado de primaria, pero como procedía de una aldea, el maestro decidió bajarme a cuarto grado, porque, según ellos, no estaba preparada para tal grado.

Allí en esa escuela es donde comenzó mi sufrimiento. Mis compañeros de clases me miraban como un bicho raro; todos se burlaban de mí, y más porque tenía el cabello corto como de hombre. Hasta el maestro que me daba clases se burlaba de mí. No me querían, ni me respetaban; me miraban como la tonta y fea de la clase. Me comenzaron a etiquetar de tonta, bruta, boba, etc.; hasta me decían que olía mal; me hacían mucho BULLYING o acoso escolar, y con todos esos epítetos, me llené de miedo, de temor, y me sentía humillada y avergonzada. Yo no les decía nada cuando me molestaban, sólo agachaba la cabeza; me sentaba en un escritorio de enfrente y no me dejaban tranquila durante el horario de clases; me empujaban, me golpeaban, hacían bolitas de papel y me las tiraban encima; también me pellizcaban a cada rato y me decían malas palabras, y eso era de todos los días.

Yo sólo lloraba en silencio y me llenaba de odio, rencor y amargura por dentro, ya que no tenía el valor para decirles que no me molestaran, y sólo hacía como que no me afectaba, para que ya no me siguieran molestando; porque mientras más me enojaba, más me molestaban. El maestro se daba cuenta, pero no les decía nada.

Cuando llegaba a casa era el mismo martirio, porque mis padres pasaban sólo peleando y discutiendo, y no recibía amor de parte de ellos; ni un beso, ni un abrazo, palabras bonitas, sino al contrario, recibía regaños, gritos, golpes, correazos, palabras hirientes. Nunca me preguntaron si me sentía bien en la escuela, cómo me iba en las clases o con mis amigos, y yo nunca les conté nada de lo que me sucedía en la escuela.

Fue un año escolar de mucho sufrimiento, pero todo ese rechazo y discriminación era por el defecto en mi pierna izquierda. Me comenzaron a decir: <La pata panda>. Ya mi mente comenzaba a creerse todo lo que me decían, y a esa corta edad ya me sentía que no servía para nada. Me sentía tan mal, y como me trataban con todas esas etiquetas, comencé a quejarme, y me preguntaba… ¿porque soy así? ¡mejor no hubiera nacido!

Porque yo era así, con ese defecto físico, no me sentía querida, ni amada… ¡Lo único que quería era morirme!

CAPÍTULO 4

VIOLENCIA DOMÉSTICA EN MI FAMILIA

Mi mamá sufría mucha violencia doméstica. Mi papá, a menudo regresaba borracho a casa. Siempre que llegaba, yo le miraba a los ojos para ver si andaba tomado o no, y él me regañaba y me decía: ¿y vos, que tanto me mirás?... Yo, con mucho miedo y avergonzada, sólo agachaba la cabeza; pero lo hacía para estar preparada, porque siempre que llegaba borracho se ponía a discutir con mi mamá por cualquier cosa. Peleaban y terminaba pegándola; la agarraba del cabello, le daba puñetazos, y a veces hasta la tiraba al suelo y le daba patadas… Yo, llena de miedo me ponía a llorar y a gritar, y siempre salía corriendo hacia la casa de mi hermano para que fuera a defenderla.

Cuando mi papá llegaba de noche era peor, porque como yo siempre dormía con mi mamá, era la única que me daba cuenta de todo. A veces nos acostábamos cuando él todavía no había llegado, y ya todos mis hermanos estaban dormidos. Yo, en cambio, no me podía dormir, porque sentía ese temor y preocupación de que si me dormía, cuando él llegara, si se ponía a pelear con mi mamá y a pegarle, yo no iba a poder salir corriendo a llamar a mi hermano para que viniera a defenderla… Sentía que era mi responsabilidad el estar siempre pendiente, porque no importaba si era de día o de noche cuando llegaba borracho, la mayoría de las veces ya llevaba el machete en la mano, y enojado, nos intimidaba. Por eso yo me quedaba despierta hasta que él llegara.

Mi mamá me decía que me durmiera, pero yo no podía, o no quería dormirme. Cuando mi papá al fin llegaba y comenzaba a pelear y a pegarla, yo llorando, con mucho miedo y sin importar la hora que fuera, salía corriendo, en la oscuridad, descalza, y hasta tropezándome en las piedras, y le iba a tocar la puerta a mi hermano que vivía cerca de nuestra casa para que fuera a verlos, porque si no, la podía matar...

Gracias a Dios, cada vez que yo lo iba a llamar mi hermano siempre estaba en su casa, ya sea de día o de noche. Casi todos los fines de semana pasaba lo mismo. Yo estaba pequeña y me daba cuenta de todo, y eso me afectaba aún más. Me llené de muchos temores y de traumas desde muy temprana edad. Cada vez que mi papá llegaba borracho, peleando y pegándole a mi mamá, yo sentía que el corazón se me explotaba, y me agarraba una gran tembladera en todo el cuerpo, al punto que ni llorar podía del miedo… ¡Era demasiado fuerte para mí!

Un día llegó borracho como a eso de las seis de la tarde, y como siempre se puso a discutir y a pelear con mi mamá. Muy enojado, mi papá intentó matarla; la quiso apuñalar en el estómago… Mi mamá rápido le detuvo el machete con las manos, y le hizo una gran herida en el dedo pulgar. En la noche, antes de acostarnos, intentó matarla nuevamente.

Vi cuando quiso darle con el machete en la cabeza; su intención era partirla el cráneo, y gracias a Dios el machete no cayó de filo, sino de plano en su cabeza; entonces la agarró y le seguía pegando.

Yo salí corriendo como siempre a donde mi hermano para que fuera a defenderla; mi hermano salió corriendo, y mientras corría, sacó su pistola y disparó al aire, como para que mi papá se asustara o se distrajera y soltara a mi mamá, porque cada vez que le pegaba la tomaba del cabello o del cuello, y la tiraba contra el suelo. Gracias a Dios, mi hermano siempre la defendía y no dejaba que la siguiera lastimando.

Aquella noche, después de tanto pelear, y de tanta borrachera, mi papá se quedó dormido. Entonces, mamá nos dijo que ella se iba a separar de mi papá, y que se tenía que ir a vivir al pueblo, sola, porque ella sabía que mi papá no nos dejaría ir con ella. Pero no nos dijo cuándo o que día se iría… Esa misma noche, al amanecer de un jueves que era el día en que ella siempre iba a hacer quesadillas a Moyuta, un pueblo cercano al pueblo que nosotros pertenecíamos, ella agarró su canasta y se fue sin decirnos que se iría para siempre… Desde ese día ya no regresó a casa, y nosotros, sus 6 hijos pequeños, nos quedamos con mi papá. Yo tenía 13 años.

Plan de escape y un nuevo comienzo

Una de mis hermanas, la mayor, viajaba al pueblo a estudiar los domingos; entonces, mi mamá aprovechó para hablar con ella y le preguntó si queríamos irnos a vivir con ella. Mi hermana feliz le respondió que sí; entonces, armaron un plan para que todos pudiéramos escaparnos de la casa sin que mi papá se diera cuenta, porque él no nos dejaría irnos.

De regreso a casa, mi hermana nos contó en secreto todo el plan que habían armado… Al siguiente día, era un lunes, mi papá alistó su caballo y se fue muy de mañana a traer agua al rio que está como a una hora de camino; pero se llevó a uno de mis hermanos, el más pequeño, de 4 años, y nosotros nos sentíamos tristes porque sabíamos que él se quedaría con mi papá. Pero como allí estaba la oportunidad de escaparnos, nos fuimos para la Escuela que quedaba como a cinco minutos de la casa, mientras que mi hermana, la que había hablado con mi mamá, se quedó alistando todo lo que llevaríamos…

Como después de una hora llegó mi hermana a la escuela, y le dijo a la maestra que nos diera permiso sólo para ir a hacer algo… Pero mis dos hermanos eran muy apegados a mi papá: el que se había ido con él a traer agua, y el de 10 años que estaba con nosotras en la escuela; entonces si le decíamos a él, no se hubiera querido ir, y hasta nos podía arruinar el plan de escape. Por eso mi hermana sólo le pidió permiso a la maestra para mis dos hermanas y yo. Mi hermano se quedó solo en la escuela, y con dolor en nuestro corazón, nos fuimos, sin poder despedirnos de él, ni del otro que se había ido a traer agua del río, con mi papá.

Así emprendimos nuestro viaje las cuatro: la más grande de 16 años, yo de 13 años y las otras dos de 7 y 5 años. Agarramos nuestra bolsita de plástico llena de ropa y otras cositas, y nos fuimos. Eran más o menos como las 10:00 de la mañana de un día muy caluroso, con el sol bastante fuerte. Caminamos muy poco, pero ya nos sentíamos cansadas, por lo fuerte que estaba el sol; pero no podíamos detenernos porque teníamos miedo de que mi papá pudiera alcanzarnos y llevarnos de regreso con él.

Fue un recorrido a pie como de dos horas o más, casi trotando y temblando. A cada rato volteábamos a ver por si mi papá venía siguiéndonos, y del miedo, casi no avanzábamos. Pero el saber que íbamos a ver a mi mamá, y poder vivir con ella, eso nos motivaba y nos daba fuerzas para continuar. A como pudimos seguimos caminando, hasta que por fin llegamos a la casa donde mi mamá se estaba quedando. Mi mamá no estaba… Le preguntamos a la dueña de la casa, y ella nos explicó que ya hace rato se había ido a donde una tía que vivía en otro lugar, y que ya no volvería allí, pero que, a lo mejor, todavía estaba esperando el bus.

Mi hermana mayor nos dejó allí con la señora, y se fue corriendo a ver si la encontraba en la parada del bus, y felizmente, todavía ella estaba allí… Mi mamá cuenta que cuando vio a mi hermana se sintió muy feliz, porque por fin nos habíamos ido a vivir con ella; dijo que como no llegábamos, pensó que a lo mejor mi papá no nos había dejado salir, y por eso decidió ir a donde su familiar, para luego irse a los Estados Unidos. ¡Gracias a Dios todo nos salió bien! Cuando llegó a donde estábamos, nos abrazó muy feliz, así como nosotras también lo estábamos de volver a verla.

De inmediato nos contó que ya había hablado con una señora, ya anciana, y que ella nos daría posada en su casa. Fuimos, y en seguida la señora le dio un cuartito a mi mamá para que pudiéramos vivir allí, mientras mi mamá conseguía un espacio más grande. Nos encerramos en el cuartito. En la pared había un agujerito porque las paredes eran de adobe hecho de tierra, y por allí mirábamos para la calle, todavía temerosas, porque mi papá podía llegar a buscarnos y llevarnos de nuevo con él.

Al día siguiente por la mañana llegó mi papá a donde nosotras estábamos, muy enojado, y llevó a mi mamá al Juzgado para que allí se decidiera con quién nos quedaríamos: si con él, o con ella. El Juez le dio la custodia de todas nosotras a mi mamá, menos la de mis dos hermanos que se quedaron con él. Ellos dos se regresaron con papá, y ya nosotras nos sentimos más tranquilas y contentas, ya que íbamos a poder vivir con mi mamá, aunque tristes a la vez, porque mis dos hermanitos se habían ido a vivir con mi papá…

Pasamos algunos días viviendo en esa casita de adobe, con acceso sólo a ese cuartito, mientras mi mamá nos conseguía algo mejor para irnos a vivir. Con lo poco que ganaba haciendo quesadillas, se le hacía bastante difícil conseguirlo, hasta que un día, su tía le alquiló, en una casa que tenía sin habitar, sólo la sala, la cocina y el corredor. Como ese mismo día que a mi mamá le alquilaron la casa, también se murió una de las ancianitas que nos habían dado posada en su casita, y en la noche la iban a velar, entonces mi mamá nos dijo que esa misma noche nos íbamos a mudar para la otra casa.

Muchas personas conocidas creían que mi papá iba a llegar al velorio de la ancianita, porque ella era familia lejana de él. Fue entonces que, para no tener problemas con nadie, esa misma noche un primo de mi mamá nos ayudó a llevar todo a su carro. Comenzamos durmiendo en el piso porque no teníamos cama, pero aún así, nos sentíamos muy felices, porque ya estábamos viviendo en una casa normal, ya que siempre habíamos vivido en un ranchito de paja, lleno de lodo. ¡Y estábamos juntas, en una misma habitación!

Muchas personas, en vez de ayudarnos, se burlaban de nosotras, por la forma en que vivíamos, porque éramos de bajos recursos económicos, porque veníamos de una aldea, y no éramos del pueblo… Siempre nos faltaban el respeto, desde el más pequeño hasta el más grande, y eso a mí me afectaba emocionalmente, no sé si a mis demás hermanas también les afectaba, pero al menos a mi, si me afectaba mucho en mi auto estima… Me sentía menos que los demás.

"La bondad y el amor me seguirán
todos los días de mi vida;
y en la casa del Señor
habitaré para siempre."

Salmo 23:6

CAPÍTULO 5

UNA NUEVA ETAPA VIVIENDO EN EL PUEBLO, BULLYING Y DISCRIMINACIÓN

Era principios de año escolar y recién había comenzado el ciclo. Mi mamá nos inscribió en la escuela urbana. Entré a sexto grado ese año, y eran los mismos compañeros de clase que había tenido unos años atrás, cuando estudié en el pueblo donde había recibido mucho acoso escolar o Bullying. Eso fue muy difícil para mí… saber que nuevamente volvería a vivir esa mala experiencia.

Tenía 13 años cuando comencé a estudiar en esa escuela, por segunda vez. Como mis compañeros de clase ya me conocían, cuando me vieron, enseguida comenzaron nuevamente a hacerme Bullying. Había días que hasta me hacían llorar, me halaban el cabello, me empujaban, me pellizcaban, me gritaban, me etiquetaban con palabras hirientes: boba, tonta, dunda, fea, pata panda.

Siempre me daba mucho miedo cuando llegaba la hora del recreo, porque todas tenían sus mejores amigas y sólo yo no tenía una amiga que estuviera conmigo todo el tiempo; algunas si me hablaban y eran buenas conmigo, pero tenían sus amigas y de vez en cuando se acercaban a mi, o yo me acercaba a ellas. Cuando el maestro nos decía que hiciéramos algún trabajo en pareja o en grupo, algunas veces me quedaba sola, porque aún las que decían ser mis amigas, preferían a otras, y no a mí. Me sentía avergonzada cuando me quedaba sola mientras todos tenían su pareja, pues más me molestaban, y se burlaban.

Cuando había alguna actividad y no llevábamos uniforme, sino que ropa particular, sufría mucho, porque se burlaban de mi forma de vestir y eso lo hacían sólo conmigo. Se burlaban de todo lo que yo hacía y decía.

Era algo tan extraño y agotador. Yo no entendía el porqué me sucedía todo eso a mí. No tuve esa libertad de jugar como cualquier niña a esa edad, porque todo el tiempo me molestaban. Sólo miraba jugar a todos, libres y felices, y yo me sentía muy sola; a veces jugaba para la hora del recreo, pero siempre con miedo a que en cualquier momento se burlaran o me molestaran con palabras hirientes. En la misma clase había algunos parientes míos, y cuando los demás les preguntaban que si eran algo mío, ellos lo negaban.

Casi siempre que terminaba el día escolar y me iba para mi casa, a la salida del portón se juntaban varios y trataban de levantarme la falda del uniforme, queriéndome manosear; eran demasiado abusivos y no respetaban a nadie. Hubo días que no quería ir a la escuela; sufría y sufría y nunca se lo contaba a mi mamá, ni a nadie más, porque me daba vergüenza que supieran todo lo que me hacían. Me guardaba todo ese odio y rencor que sentía por todos los que me lastimaban.

Para colmo, para ellos era normal eso de molestarme. Cuando mis compañeras me hablaban, yo no quería ni oírlas, porque sentía odio y enojo hacía ellas por todo lo que me hacían, por todas esas ofensas que, según ellas, no debían causarme ningún daño. No eran sólo los hombres, sino también las mujeres.

Por toda esa amargura que sentía por dentro, yo no quería ni hablar con nadie; los odiaba a todos, y como sólo me enfocaba en lo malo y negativo, ya no disfrutaba ni jugaba. La hora del recreo o receso en vez de ser un momento de diversión y descanso, para mí era un martirio, porque casi nadie jugaba conmigo, y la mayoría del tiempo estaba sola. También era en el receso donde más me molestaban, precisamente porque me miraban sola. Les daba vergüenza juntarse conmigo, porque según ellos yo era fea y tonta; nadie me respetaba. Era un juego de nunca acabar.

Terminé el año escolar, y el siguiente año comencé a estudiar el Básico de tres años en el Instituto del mismo pueblo donde vivía. Desde la primaria siempre eran los mismos compañeros de estudio, o sea, tenía que volver a vivir la misma historia… Y así sucedió: me siguieron haciendo Bullying, y como se añadieron más adolescentes al salón de clases que miraban cómo los demás me molestaban, ellos también, sin conocerme, muchos comenzaron a faltarme al respeto. A veces me llamaban: ¡Hilda!... y yo respondía: ¿Qué?. Era sólo para decirme: boba, dunda. Para la hora del receso, todos compraban sus refrigerios y sólo yo no compraba nada, no porque no llevara dinero, sino porque hasta cuando comía me molestaban.

En una ocasión me eligieron para candidata a "Señorita Instituto", pero lo hicieron únicamente para burlarse y reírse de mi… A la hora de desfilar con los diferentes vestidos, se reían de mí, especialmente cuando caminaba, por el defecto en mi pierna y en mi pie. Para ese evento me puse unos zapatos de taco alto, y por la falta de fuerza y movimiento en mi pie, no podía caminar sino rengueando, y con eso, más me molestaban, en vez de apoyarme y aplaudirme.

Había días en que llegaba a mi casa y me encerraba; me miraba en el espejo, caminaba frente a él y me sentía tonta, boba, o sea, me creía y sentía tal y como me etiquetaban, y más lloraba, y me deprimía, y siempre me quejaba diciendo ¿por qué yo? ¿por qué me pasa ésto a mí?... ¡ya no quiero sufrir así! ¿Para que nací? ¡mejor no hubiera nacido, soy un estorbo, nadie me quiere!... En pocas palabras, poco a poco me estaba muriendo espiritual y emocionalmente. Tal y como dice un famoso escritor: "Las palabras de vida son al espíritu, lo que el oxígeno es a los pulmones", y también dice que "bendición y maldición son dos formas de vida distintas, dos formas diferentes de tratar a la gente".

A causa de tantas palabras hirientes que recibía a diario, más todo lo que sufrí en mi casa al ser testigo de la violencia doméstica, mi mente y alma se llenó de ansiedad, depresión y de muchos miedos y temores persistentes. Como dice LA BIBLIA en Proverbios: 18:21 "La muerte y la vida están en poder de la lengua, y el que la ama comerá de sus frutos". Hasta yo misma me despreciaba, sentía baja autoestima, complejo de inferioridad y me sentía muy insegura.

El día que acepté a JESÚS en mi corazón

Un día llegaron a mi casa los pastores de la iglesia Asamblea de Dios Bethel del pueblo donde vivía. Sólo estábamos mi hermana Sandra y yo. Los recibimos y nos comenzaron a hablar de Jesús y de las cosas de Dios, y luego nos preguntaron si queríamos aceptar a Jesús en nuestro corazón como nuestro Señor y salvador… y, pues, todo llenas de pena y vergüenza, les respondimos que sí; hicimos la oración de fe conforme ellos nos dirigían, y al terminar, oraron por nosotras. En ese tiempo mi mamá también ya había aceptado a Jesús en su corazón.

Desde ese día comenzamos a ir a la Iglesia. Al poco tiempo recibí doctrina para bautizarme, y un tiempo después me bauticé. Después de bautizarme me convertí en miembro activo en la iglesia. Me daban privilegios: fui Secretaria de los jóvenes, y también me gustaba cantar para Dios; a veces nos invitaban otras iglesias a participar en concursos de canto, y los jóvenes me llevaban a mi para que participara, y como me gustaba mucho cantar, hasta me aprendía las alabanzas con pistas. ¡Cantar era mi pasión!... En fin, era una joven muy activa y muy responsable en las cosas de Dios; me gustaba también memorizarme versículos de la biblia; iba todos los días de culto a la Iglesia; luego que salía de estudiar, llegaba a mi casa, sólo dejaba mi mochila, y así mismo con el uniforme me iba para la iglesia con mi biblia en la mano. Aunque nadie me acompañara me iba. Pero mientras más me acercaba a las cosas de Dios, más sufría, porque ya no era sólo en el salón de clases que recibía burlas, rechazo y discriminación, sino hasta en las calles, o donde sea, desde el más pequeño hasta el más grande se burlaban de mí, y me faltaban el respeto, por el defecto en mi pierna y por mi forma de caminar.

Se reunían en las esquinas, y cuando yo pasaba, hasta en coro me decían: ahí viene la pata panda... Hasta se ponían a caminar tal y como yo caminaba; nadie me respetaba, y lo peor de todo es que yo me creía todo lo que me decían, y me sentía aún más tonta, inútil, insegura, inferior. Lo único que pasaba por mi mente eran todas esas palabras hirientes que me decían, y hasta mis hermanos se burlaban de mí y me hacían de menos; me decían que yo era la más tonta de la familia, y que quizá era adoptada... Lo decían en son de broma, pero de igual manera, a mí me afectaba que me dijeran eso.

En mi casa nunca recibí amor, un abrazo, una caricia; no sabía qué era sentirme amada; y aunque ya tenía a Jesús en mi corazón, no sentía Su amor, porque mi mente estaba bloqueada y únicamente pensaba en lo malo que me trataba la gente. Pero nunca pensaba en lo mucho que Él me amaba, por eso no lo sentía.

Aplicada y responsable en la Iglesia y con mis estudios

Aún con tanto rechazo en la sociedad, yo era muy disciplinada en los asuntos de la Iglesia, y los pastores siempre me felicitaban. En mis estudios era muy responsable, nunca reprobé un examen. En segundo y tercero básico fui abanderada; en el tercer año básico yo era quien encabezaba el Cuadro de Honor en el "Desfile de la Independencia". Era muy responsable con mis trabajos y tareas de clase; mientras los demás sólo se dedicaban a molestar, yo me enfocaba en mis estudios. La maestra de Física Fundamental siempre me seleccionaba, junto con otros alumnos, para que fuéramos a participar en las "Olimpiadas del Saber" con otros estudiantes representando a sus respectivos establecimientos educativos. En uno de esos concursos me gané el segundo o tercer lugar, pero el Diploma lo hicieron con el nombre de mi compañera… ¡Lo importante era mi participación, y a mí me gustaba ir a participar!

Le doy gracias a Dios, porque, aunque sufría mucho con lo que me hacían, siempre tenía buen rendimiento en mis estudios y en la Iglesia.

La casa en la que vivía tenía cinco gradas para bajar a la calle, así que, una noche que salía para ir a la Iglesia, me tropecé con el borde de la puerta y me fui rodando hasta caer de frente en el filo de la cuneta de la calle de asfalto: ¡casi me saco un ojo!... pensé que me había quebrado todo.

Cuando me levanté sentí que rodaba sangre por mi cara, pero sólo me hice una herida grande sobre el ojo izquierdo; Dios me libró de algo peor… Pero en la acera del frente siempre se reunía un grupo de jóvenes de los mismos que me molestaban y discriminaban, y en vez de ayudarme, se reían y se burlaban de lo que me había sucedido; niños y jóvenes me miraban como un objeto más para diversión de todos. Era tanto el rechazo que días pasaba encerrada, no quería salir de mi casa, no quería saber nada de nadie; sentía que odiaba a toda la gente de mi pueblo, y me parecía extraña viviendo allí. ¡Quería salir huyendo!

Mi corazón ya estaba lleno de rencor y odio; no tenía paz. Cada vez que me etiquetaban o me maltrataban, sentía como que un puñal traspasaba mi corazón; creía que estaba sola, era insegura, y me veía despreciada y rechazada...

Muy seguido me deprimía, no quería ni salir de casa, y siempre que oraba era únicamente para quejarme, y nunca para agradecer… Mientras más me quejaba, más cosas de las cuales quejarme me sucedían. ¡Nunca entendía el porqué me pasaba todo eso!

Comparación y Anorexia

Con todo lo que me sucedía, ya el enemigo me había metido en mi mente de que nunca me iba a casar, y que nadie se fijaría en una tonta, fea, inútil, "pata panda" como me decían.

Comencé a compararme y miraba a otras jovencitas de mi edad, muy bonitas, y sin ningún defecto físico; y siempre que me comparaba, era para verme como una cucaracha, e inferior a los demás.

Fuimos mi mamá y yo a visitar a unos familiares; ellos vendían maíz y frijol al por mayor, y tenían una pesa colgada… A mí se me ocurrió pesarme, y me di cuenta que estaba gordita, otra causa de la que yo no había reparado por qué me hacían burla; entonces, desde ese día dejé de comer como acostumbraba a hacerlo; se me metió en la mente que quería adelgazar, pero el problema fue que después ya no quería comer casi nada; desde ese momento me enfermé de gastritis… Me daban fuertes dolores, por lo que de seguido iba a donde la doctora para que me diera medicina.

Pasé mucho tiempo tomando medicina. El dolor se me volvió crónico, porque todo el tiempo estaba allí; me acostumbré con él, hasta considerarlo que era normal en mí. Pero ese dolor me atacaba más fuerte cuando me estresaba o deprimía, así que me di cuenta de que, lo que yo padecía era una gastritis nerviosa.

Yo todo me lo guardaba, nunca le contaba nada a nadie, y me empeñé en mi plan de adelgazar; y como me daba mucha hambre y no quería engordar, comía y bebía hasta llenarme demasiado y luego, sin que se dieran cuenta, corría para el baño a vomitar todo lo que había comido.

Me metía el dedo en la garganta y yo misma me inducía el vómito hasta sacarme todo lo que había comido. Enseguida tenía el estómago vacío, y sin hambre… Al principio me sentía bien conmigo misma, porque eso era lo que yo quería: comer y no engordar; y como eso se me hacía fácil, lo iba convirtiendo en costumbre.

Pero después, ya no lo hacía sólo una vez al día, sino hasta dos o tres veces todos los días, a escondidas, y con mucho miedo de que me fueran a descubrir. Me comía todo lo que había en la cocina, pero trataba también de beber agua o jugo, porque sin liquido, la comida no me salía. Comía muy rápido, luego, corría al baño a vomitar, de modo que nadie se diera cuenta.

Al principio me gustaba y se me hacía fácil, creyendo que así lograría adelgazar más rápido. Comer e inducirme el vómito ya era un ritual de todos los días… Cuando llegaban visitas a la casa, sufría, porque como comíamos todos juntos, tenía que comer un poco más despacio, y no podía salir corriendo al baño como acostumbraba.

Adelgacé bastante. Pero cuando comía y por alguna razón no vomitaba, por ejemplo cuando íbamos a otra casa, me sentía culpable y muy mal; o cuando comía bastante y no tomaba agua o jugo, y no salía el vómito por lo reseca que estaba la comida en el intestino. La garganta me dolía por el esfuerzo para poder sacarla… Puse sobre mí una nueva causa de sufrimiento. Después de cada vómito me decía: ¡ya no lo volveré hacer, ya no lo volveré a hacer!... Hasta lloraba encerrada en el baño.

Pero era algo que no podía dejarlo. Cada día se repetía la misma historia; era como un vicio que no podía dejar. Me sentía muy culpable, más cuando me miraba en el espejo, pues aunque estaba delgada, yo siempre me miraba gorda y eso más me empujaba a inducirme el vómito. Lo hacía sin saber que eso era una enfermedad llamada Anorexia o Bulimia. ¡Tenía 16 años, era una jovencita muy ingenua y no sabía lo que estaba haciendo!

*"A ti, Señor, elevo mi clamor
desde las profundidades del abismo.
Escucha, Señor, mi voz.
Estén atentos tus oídos a mi voz
suplicante."*

Salmo 130:1-2

CAPÍTULO 6
VIVIENDO LEJOS DE MI MAMÁ POR MOTIVO DE MIS ESTUDIOS

Pasé alrededor de un año dedicándome a vomitar lo que comía, hasta que me fui a vivir a otro lugar, pues como ya había terminado el Ciclo básico en el Instituto, mi mamá me envió a estudiar para Maestra de primaria a otro lugar. Así que llegaba a casa sólo los fines de semana.

Pensaba yo que viviendo en otro lugar, todo iba a ser diferente con mi anorexia y con el rechazo social; pero no fue así… Aún viviendo lejos del anterior ambiente, seguía induciéndome el vómito. Como una de mis hermanas ya estaba estudiando en ese lugar, ella alquilaba un cuarto junto con una amiga suya; y, cuando yo llegué, me fui a vivir con ellas. Como yo no quería comer demasiado, y luego vomitarla, entonces no me compraba comida, sino que tomaba la de mi hermana, aunque también esa comida la vomitaba.

Mi hermana se enojaba conmigo porque todo lo de ella me comía. Sólo no vomitaba cuando comía coliflor o ensalada verde. La sirvienta de la dueña del cuarto donde vivíamos, siempre me hacía burla, y le causaba risa porque yo sólo coliflor comía, por lo cual no me alimentaba para nada, y casi siempre me sentía débil y mareada. Aunque había adelgazado bastante, yo siempre me miraba gorda...

Nadie sabía de mi problema, era mi secreto. La gente ya comenzaba a verme delgada, pero yo me seguía viendo gorda, y fea.

Desde que me fui a estudiar a otro lugar, me alejé de las cosas de Dios; mi vida tomó otro rumbo. Pero ya el enemigo había tomado control de mi vida... Creo que después de vivir toda mi niñez y adolescencia sufriendo de Bullying y rechazo, me rebelé, me convertí en una mezcla de orgullo, baja autoestima, y complejo de inferioridad.

Quería demostrarles a todos los que me habían hecho sufrir, que no era lo que ellos creían de mí, y siempre buscaba la aprobación de los demás. Empecé a actuar diferente, como a impresionar o a fingir lo que no era. En el lugar a donde me había mudado para estudiar, me comportaba de una manera; y en el pueblo, de otra manera… El Bullying y el rechazo me seguían a donde sea que iba, porque no es el lugar el que lo cambia a uno, sino el pensar diferente.

Me sentía y hasta actuaba como tonta, sin darme cuenta que por eso mismo me rechazaban. Me ponía todas las etiquetas hirientes que me dijeron en el pasado. ¡No creía en mí misma!

Después de ser una adolescente muy responsable en mis estudios y con buen rendimiento académico, también responsable en la Iglesia con las actividades en la Congregación, pasé a ser una joven irresponsable; los estudios para mí ya no eran importantes, los coloqué en segundo plano… ¡Mi prioridad ahora era divertirme! En el lugar donde estudiaba conocí nuevas amistades, las que de una u otra manera influyeron en mi forma desordenada de vivir.

Cierto día, la amiga de mi hermana que vivía con nosotras en el mismo cuarto me regaló unos pantalones de mezclilla; cuando los comencé a usar, me gustaron tanto, porque además me sentía cómoda. Como en la iglesia de mi pueblo no permiten que las mujeres usen pantalones por lo que yo sólo falda y vestido usaba, desde el momento en que ella me regaló los pantalones de mezclilla, ya no volví a usar faldas ni vestidos, no por contrapuntear con las normas de la Congregación, sino porque en realidad, el vestir pantalones hacía que tenga menos vergüenza de que la gente me viera con una pierna más delgada que la otra. Los pantalones me ayudaban también a no necesitar sandalias o tacos altos.

Sólo regresaba a mi pueblo los fines de semana. Ya iba a la iglesia sólo los sábados, y de vez en cuando los domingos. Me había acostumbrado a usar pantalones, pero en mi pueblo tenía que usar vestido o falda para poder ir a la iglesia; eso me hacía sentir todavía más desanimada. Yo creía que con sólo ponerme pantalón, ya estaba pecando; me sentía culpable, y también pensaba que por esa forma de vestir, estaba desobedeciendo y fallándole a Dios.

Me alejé de los caminos de DIOS

Con el paso del tiempo me desanimé y dejé de congregarme por completo… ¡Fue cuando el enemigo empezó a tomar el control total de mi vida.

Desde que dejé de congregarme y me alejé de las cosas de Dios, mi enfoque estaba puesto en la diversión. En lo único en que pensaba era en divertirme con mis amigas, y vivir mi vida a mi manera. Como vivía sola, lejos de mi mamá, y como ella ni me llamaba, más me sentía con libertad de hacer lo que yo quería. A mi criterio, así me olvidaría de todo lo vivido, de todo el sufrimiento del pasado, y podría demostrarles a los que me hacían daño, que no era lo que ellos pensaban de mí. ¡Ya no quería que me siguieran viendo como una tonta e inútil!

Siempre me importaba lo que la gente pensara o dijera de mí; les ponía desmedida atención a sus gestos y a sus palabras; mi vida dependía de la gente. Pero por mucho que trataba de vivir una vida loca y desordenada, no conseguía olvidar el sufrimiento; esas heridas seguían abiertas; se me olvidaban por un rato, pero al terminar la diversión y llegar a mi casa, todo volvía a la realidad… ¡una realidad dolorosa! Había días que tenía la moral alta, como si nada pasara, pero otros días me sentía como una cucaracha, deprimida y sin ganas de vivir, y siempre quejándome: ¿Por qué yo? ¿por qué a mí? ¿por qué sólo yo sufro?

…Y la anorexia también seguía atormentándome. Más me atacaba cuando me deprimía. A la anorexia se sumó un ovario poliquístico: sentía unos fuertes dolores en el ovario derecho, aunque no tuviera mi periodo menstrual. Parecía crónico, porque todo el tiempo me dolía, y con el dolor, mi pierna derecha me dolía y se me inflamaba. Iba seguido a consultar con el doctor; me hacían ultrasonidos y se miraban los ovarios llenos de quistes benignos, así que me recetaba medicina para eliminarlos.

Mi menstruación no me venía por varios meses, y cuando por fin llegaba, sentía morirme de los fuertes cólicos; los tres primeros días, de tanto dolor, me retorcía en la cama; no podía ni caminar. Así era cada vez que me venía la menstruación, y por causa de los quistes en los ovarios los doctores me decían que posiblemente nunca iba a poder quedarme embarazada… ¡Otra preocupación más a la carga de todas mis angustias!

Pasé muchos años sufriendo de los ovarios, hasta que un día, gracias a Dios, fui sanada por completo… Pero, a pesar de estar sana, el enemigo puso en mi mente la idea de que nunca iba a poder tener hijos; y lo peor de todo es que no se lo contaba a nadie de mi familia; todos mis sufrimientos eran en secreto, pues me había hecho experta en fingir.

Muchas personas me decían que estaba delgada, pero yo, insistía en mirarme gorda y fea. Con el tiempo fui dejando el vicio de la anorexia, poco a poco, pues ya había hecho conciencia de que eso era una enfermedad. Después de unos cinco años más o menos, gracias a Dios, pude dejarla por completo. Siempre le agradezco mucho a Dios, porque no fue necesario buscar ayuda profesional para poder ser libre de esa terrible enfermedad.

Pero, aunque ya había dejado atrás la anorexia, y los dolores de ovarios ya no me atormentaban, aun así, seguía sufriendo… Es que en aquel pueblo, todavía me hacían Bullying y me sentía rechazada.

Discriminación y palabras hirientes en todas partes

Viví con mi hermana solamente un año. Cuando se fue de allí, la dueña de casa no quiso alquilarme el mismo cuarto, sino otro, más pequeño. Como no me gustó, al año, como ya me tocaba graduarme, busqué otro espacio más cómodo para vivir.

A la Residencial a donde me mudé, llegaron a vivir dos muchachos de mi pueblo… de esos muchachos que en su momento, de una u otra manera me hicieron bullying cuando estudiaba en mi pueblo, o cuando me miraban en la calle. Desde que supieron que yo también vivía allí, nuevamente comenzaron a molestarme y a etiquetarme con palabras hirientes y ofensivas: me faltaban el respeto, me golpeaban la puerta y las ventanas, en fin, no me dejaban tranquila, y eso era de casi todos los días.

A veces, cuando salía a comprar o iba a estudiar y me encontraba con ellos en el camino, me comenzaban a decir palabras hirientes; y, obviamente, se burlaban por mi forma de vestir y caminar a causa del defecto en mi pierna. Yo me hacia la desatendida y trataba de no ponerles mucha atención, porque lo hacían frente a mis amigas; y era precisamente frente a ellas que más me molestaban.

Llegué a tener miedo de salir de mi cuarto cuando ellos estaban en la Residencial. Me deprimía y me arrepentía hasta de haber nacido... Comencé a enojarme conmigo misma por ser como era. Encerrada lloraba, no le encontraba sentido a mi vida, porque a donde iba, seguía sufriendo de lo mismo. Cada vez que alguien me trataba sin respeto, sentía odio, rencor y coraje por esa persona. Mi corazón ya estaba muy herido. Me habían inundado la baja autoestima, el complejo de inferioridad, la timidez y todos los miedos. ¡Me volví una mujer muy insegura de mí misma, y de todo lo que hacía!

Tenía 19 años de edad y el enemigo me había convertido en su títere; me zarandeaba y hacía conmigo lo que él quería. Yo sabía a ciencia cierta que era como consecuencia de haberme alejado de los caminos de Dios. ¡Mi mente estaba siendo manejaba al antojo de las fuerzas del mal!

El que todos me miraran como una tonta, me atormentaba día y noche, y lo peor es que el enemigo trabajaba precisamente en mi punto más débil: mi baja autoestima. Actuaba de acuerdo con los calificativos que me daban, y comencé a avergonzarme de mí misma.

Mis inseguridades y temores

Debido a que el maligno bloqueó mi mente, ya no pensaba con claridad; me sentía confusa, y aunque tenía conciencia de que ya era una joven, me parecía ser una niña tonta, inmadura e inútil; al fin y a cabo, eso fue lo que mis padres me hicieron creer desde pequeña: nunca me confiaban responsabilidades ni me ponían a hacer algo importante; aun ya siendo una niña grande, me trataban como inválida y me indujeron a pensar que por el defecto de mi pierna, yo era incapaz de hacer o lograr cosas como los demás. Mis razonamientos se quedaron como en la etapa de una niña, y las cosas importantes o los asuntos de valor no eran para mí.

Aunque ya había crecido, era como que me hubiera quedado estancada o atrapada emocionalmente en mi niñez; mi cuerpo crecía conforme pasaban los años, pero mi cerebro y mi mente seguían sin desarrollarse; seguía pensando y actuando como niña; no tenía nada de madurez.

Tenía 19 años y no pensaba en ser mejor, en ser alguien en la vida o en tener un futuro digno. Me gustaba relacionarme con personas inmaduras como yo; nunca me juntaba o platicaba con personas maduras, porque sentía que eso era para personas serias y formales. Mi mamá me regañaba y me preguntaba del porqué sólo tenía ese tipo de amistades.

Mis pensamientos sólo giraban alrededor de mis defectos y complejos, y nada más. El miedo al rechazo y al bullying nunca salían de mi mente, y todo eso porque tenía el corazón vacío y sin amor propio; nunca me había sentido amada, querida, valorada; nunca recibí una muestra de amor y cariño de mis padres y de nadie;

todo lo que yo tenía en mi corazón era desprecio, rechazo, odio, rencor, amargura, resentimiento y cualquier otro sentimiento negativo.

Con el paso del tiempo fui entendiendo que buscaba llenar esos vacíos con vicios, o con afectos equivocados; no lo hacía porque deliberadamente quisiera ser una mala personas, o tener malas intenciones; buscaba ser valorada. Iba calando en mi razonamiento, con un poco de claridad, lo que sucedía conmigo.

Me gradué de Maestra de Educación Primaria. Después de mi graduación tenía que volver a vivir en mi pueblo, con mi mamá. Yo llorando le decía que ya no quería regresar, porque sabía que nuevamente volvería a vivir la misma historia de rechazo y discriminación.

Sucedió que como ya me había graduado y ya era mayor de edad, en este punto, yo no sabía qué hacer con mi vida, pues mi mamá nos había dicho que ella nos ayudaría económicamente hasta que nos graduáramos, y después, que cada quien viviera por su cuenta… Yo estaba acostumbrada a que mi mamá me mantenga y cubra mis necesidades económica; prácticamente dependía completamente de ella, y como me sentía como una niña, entonces, ante esa situación, atormentada, sin saber qué hacer con mi vida siendo independiente, me atacó un terrible miedo a enfrentarme a esa nueva realidad. ¡Pues, sin saber qué hacer, me fui de regreso a vivir a mi pueblo, con mi mamá!

Por muy fácil que pareciera, me sentía incapaz de lograr o hacer algo. La vergüenza, el temor, el nerviosismo y la timidez también se apoderaron de mí... Me sentía muy vacía y deprimida.

CAPÍTULO 7

MI PRIMER TRABAJO Y CONVIVENCIA LABORAL

Al poco tiempo de nuevamente estar en mi pueblo viviendo con mi mamá, me informaron de que en una gasolinera que recién habían construido y que sólo atendían mujeres, estaban solicitando personal. Yo no me animaba a ir por miedo al rechazo, y por miedo a no poder hacer las cosas. Me sentía insegura, inútil e incapaz, pero aun así me fui a la entrevista. Me entrevistaron y me dijeron que si me aceptaban, me llamarían. Me fui para mi casa, y en la noche me llamaron para que al siguiente día me presentara a trabajar.

Comencé mi primer día de trabajo. Me colocaron en el área de despacho de gasolina. También había la "tienda de conveniencia". Éramos varias mujeres que trabajábamos allí, como ocho o diez en total. Como las demás ya tenían alrededor de un mes de haber comenzado a trabajar, ya estaban más familiarizadas con la rutina, pero yo no entendía ni sabía nada de cómo funcionaba todo eso; me sentía muy insegura e incómoda.

Como no me gustaba socializar y hasta me daba vergüenza de hablar, las chicas se aprovechaban de mi, por mi forma de ser; se reunían a platicar, me dejaban sola, y a nadie le gustaba relacionar conmigo. Desde el primer día me vieron como una muchachita tonta que no estaba a la altura de ellas, y cuando se dieron cuenta de mi defecto físico en mi pierna y de mi forma de caminar, más me rechazaban.

Ese mismo día el Administrador formó dos grupos para que pudiéramos trabajar un día cada grupo; nadie me quería en su grupo, y las de mí grupo, se quejaron y se molestaron cuando se dieron cuenta de que me habían dejado con ellas. Por timidez, yo no decía nada, pero por dentro me sentía muy mal, y ya empezaba a sentir odio y rencor por ellas… ¡Y apenas era mi primer día!

Reapareció con fuerza la depresión; nuevamente comenzaba a quejarme, y no lograba entender por qué a donde quiera que fuera, me perseguía el rechazo y discriminación. El día siguiente estábamos todas las de mi grupo en la oficina, contabilizando toda la venta del día anterior; era por la mañana, entonces, una chica del otro grupo que estaba atendiendo, sin darse cuenta metió el pie dentro de una rejilla que estaba quebrada, se lastimó la pierna y se la inflamó; entonces, una de las chicas entró a la oficina donde nosotras estábamos y le informó lo sucedido al Administrador… Yo, sin ninguna mala intención me reí al escuchar lo sucedido, pero sin burlarme, ni nada por el estilo, sino por la manera o forma que ella se lo contó al Administrador. La chica rápido salió de la oficina, y le fue a decir a quien se lastimó, que yo me había reído y burlado de su accidente. La chica de la herida se enojó y habló mal de mí; hasta dijo que yo era "una pata panda".

Todas se pusieron en mi contra; me miraban como un ser extraño, me etiquetaban de la misma forma como lo hacían mis compañeros de clase cuando estaba pequeña… Una de las frases que me decían a diario era: "es que la Hilda no amaciza"; para ellas eso significaba algo como: no se aviva, o no aprende, y se quejaban porque, según ellas, yo no podía hacer nada. Hasta frente a otras personas me trataban de esa manera; nadie creía en mí.

Pasaban los días y todo seguía igual; pero como un mes después hubo un problema en la gasolinera, los dueños despidieron a todo el personal, menos a mí.

De las ocho o diez chicas que había en total trabajando, sólo quedé yo, porque los dueños sabían que yo no había tenido nada que ver con el problema.

Contrataron nuevo personal, y sólo yo era de las antiguas; desde ese momento todo comenzó a ser diferente… me empecé a llevar mejor con las nuevas chicas, y sin darme cuenta cambié mi forma de ser; fingía ser quien no era, por miedo a ser rechazada por las nuevas chicas, aunque por dentro seguía siendo esa joven tímida e ingenua y sin ganas de vivir. Sabía que si me mostraba tímida, las nuevas chicas tampoco me aceptarían. Por esa razón, aunque fuera agotador fingir, lo hacía. Tampoco me gustaba invitar a mis amigas a mi casa, porque me daba vergüenza que la conocieran, pues era pequeña y muy humilde. Yo no conocía ni sabía cuál era mi valor como persona, creía que mi valía según lo que tenía materialmente, y como mi familia era de bajos recursos económicos, entonces, sentía complejo de inferioridad.

Buscaba amor equivocadamente

Con el tiempo me dejé mal influenciar; dejé entrar cizaña en mi mente, debido a que nunca recibí amor, cariño y abrazos en mi casa, y nadie me demostraba que me quería. No estoy culpando a mi mamá, porque sé que ella se sacrificó para poder darnos todo; pero al final, nos faltó su presencia, su tiempo de calidad, su amor y cariño. Ella al igual que muchos padres, no se daba cuenta de eso, ella únicamente quería que no nos faltara de lo material.

Entonces me volví a los hombres a buscar amor y cariño, y a mendingarlo fuera de mi casa. Equivocadamente siempre lo buscaba donde no debía, con quien no debía; cada vez que comenzaba una relación amorosa, lo que yo deseaba era que fuera para siempre y así poder formar una familia; en mi corazón yo no lo hacía sólo por divertirme, sino que quería sentirme amada, valorada, aceptada, respetada.

Lastimosamente siempre lo buscaba donde no convenía y por eso fracasaba en busca del amor verdadero, porque hay hombres que sólo quieren diversión y nada más, y cuando lo logran, se alejan como si nada… ¡Estaba consciente de ello, pero por lo menos me convencí a mí misma de que era deseada para algo, aunque fuera por una semana! Esa forma errada de interpretar mis relaciones con los hombres, me llevó a una vida muy desordenada. A espaldas de mi mamá, llevaba una vida bastante distinta a la que ante ella fingía.

Comencé a consumir bebidas alcohólicas y cigarrillos para poder adormecer el dolor de mis heridas, y eso era de casi todos los días que trabajaba en la gasolinera, mayormente los fines de semana. Pero también cuando estaba de descanso salía a beber con mis amigas. Como sabia que mi mamá no me iba a dar permiso para salir, y menos en la noche, siempre le mentía diciéndole que tenía que ir a la gasolinera a cubrir a una compañera. Varias noches llegaba a mi casa borracha, y mi mamá no se daba cuenta.

Estoy consciente de que le causé mucho sufrimiento y preocupaciones a mi madrecita; no la respetaba ni la valoraba, de todo lo cual hoy me arrepiento.

Al estar lejos de ella he comprendido y entendido muchas cosas, y le he pedido perdón primeramente a Dios, y a ella. Dios nos manda a honrar a nuestros padres, y creo que yo, por muchos años los deshonré. Por la manera cómo llevaba mi vida, nunca llegué a tener nada, porque no ahorraba; todo lo que ganaba en la quincena me lo gastaba en ropa, zapatos, cosméticos, bebidas alcohólicas, y mucho más; incluso hasta el dinero de la tarjeta de crédito que tenía me gastaba en eso… Me daban hasta cinco mil quetzales de crédito, y todo me lo gastaba cada mes.

Llevaba una vida loca y muy desordenada, y más en la gasolinera donde trabajaba. Pero eso lo hacía por tratar de olvidar y compensar de alguna manera todo ese sufrimiento y esas heridas que llevaba por dentro.

Como en mi trabajo había muchas chicas, eso se volvía un lugar de chismes, de dimes y diretes, y la amistad no era verdadera sino fingida, era pura hipocresía. Las que yo consideraba mis amigas hablaban mal a mis espaldas; eso era un cuento de nunca acabar, y me hacía mucho daño.

El ambiente de chismes estaba influyendo en mi apariencia física: parecía un globo… unos meses estaba gordita, y meses después, sin querer, me adelgazaba. El estrés y la preocupación me hacía bajar de peso rápidamente porque se me iba el apetito, y la gastritis me provocaba fuertes dolores.

Una chica que había trabajado en la gasolinera, un día llegó a reclamarme sobre unas cosas que le habían contado de mí, con respecto a su novio… La escuché, me acerqué a donde ella estaba, me senté y conversamos un poco sobre el asunto; de repente, me agarró del cabello y me jaloneaba. Del miedo yo no podía hacer nada, y también porque ella estaba embarazada. Como frente al trabajo había un cementerio, ella me señaló y me dijo que a la próxima allí yo iba ir a parar. Después de tanto jalonearme, me soltó, y se fue. Esto sucedió cuando habíamos terminado el turno de trabajo, por lo cual me fui a una banqueta a llorar, no del dolor físico, sino del interno, y más porque allí estaban mis supuestas amigas, y ninguna me ayudó en el momento de la pelea, sino que todas se habían puesto a favor de la chica que me agredió.

De tanto odio, rencor y amargura que tenía en mi corazón por todo lo que me hacían, mi rostro siempre se miraba triste, con enojo; nunca estaba sonriente, alegre y feliz, siempre estaba enojada, pero ya me parecía normal. Los clientes se quejaban con mi jefe por mi mala atención y por mi mal humor. Mi Jefe, en cada reunión me llamaba la atención por eso, y me decía que si no cambiaba me tendría que despedir.

Los hombres muchas veces no llegaban porque necesitaban gasolina o algo de la tienda, sino por ver a las chicas. Tenían la idea de que todas las que trabajábamos allí éramos unas fáciles y mujeres cualquiera. La gente decía que la más fácil, y la que se iba con cualquier hombre era yo. Es que miraban que un tiempo andaba con uno, y después con otro. Cuando llegué a saber lo que la gente opinaba de mí, en vez de sentirme mal, al contrario, me sentía bien, porque decía en mi mente: mejor es que digan eso de mí y no que digan que soy una boba, tonta, inútil, pata panda, etc., etc. Sin embargo, en mis adentros, sabia que no estaba bien que yo pensara de esa manera.

Los hombres ya no me miraban con respeto por la mala fama que según la gente yo tenía; todos sólo querían utilizarme y nada más, nadie quería una relación en serio conmigo, mientras lo que yo buscaba era que alguien en realidad y en verdad me amara, valorara y así poder formar la familia que siempre había soñado. Pero lastimosamente nadie me miraba con esa intención, y como nunca había recibido una palabra bonita de amor y cariño, cada vez que un hombre me enamoraba y me decía cosas o palabras bonitas, me sentía querida y amada, y rápido caía en su trampa. No me daba cuenta de que únicamente buscaban jugar con mis sentimientos, y aprovecharse de mí.

Todas mis relaciones amorosas fueron destructivas, y no me daba cuenta de que yo misma las estaba causando. Mis relaciones se repetían casi con el mismo patrón de conducta; cuando iniciaba un compromiso, esa persona o estaba casada, o al poco tiempo me era infiel.

La relación amorosa si mucho me duraba era uno o dos meses. Cuando terminaba, yo sentía que mi mundo se me derrumbaba; en mi mente necesitaba estar con alguien para sentirme feliz y amada, no importa si esa persona me lastimara. Al poco tiempo de terminada una relación, rápido me hacía de otro compromiso, sin esperar por la persona que realmente me gustaba.

Al aceptar personas casadas, también les causaba daño a terceras personas. Por el momento, eso a mí no me interesaba, ni me importaba hacer sufrir a los demás, con tal de no sufrir yo; tampoco medía las consecuencias de lo que hacía, ya que el andar en una relación amorosa con personas casadas es una situación muy delicada; pero yo lo único que quería era sentirme amada y en compañía, a costa de lo que sea. Con ese comportamiento, la gente más me criticaba, y me miraba mal.

Cuando tenía 20 años de edad, caí en la trampa de un hombre que era casado; era mayor a mi con 16 años. Este hombre me envolvió con su palabrería; decía amarme, pero sólo quería divertirse conmigo. Con el paso del tiempo me maltrataba verbalmente, y me tenía bajo su dominio; hacía conmigo lo que él quería. Ni me hacía feliz, ni me dejaba ser feliz con alguien más. Cuando me pretendía algún soltero, él se encargaba de alejarlo de mí. Me decía que yo era de él, y que si no estaba con él, tampoco lo estaría con nadie más; estaba como obsesionado conmigo.

Yo trataba de buscar ayuda psicológica y nunca pude encontrarla, porque aunque quería zafarme de esa mala relación, creía que no podía; era una situación bastante complicada. En algún momento hasta fui a la Policía a pedir una orden de restricción, porque me maltrataba mucho y ya no lo quería cerca de mí. Iba sintiendo miedo y odio por todo lo que me hacía. No lo culpo, porque un hombre llega hasta donde la mujer se lo permite, y yo, de una u otra manera se lo permitía, sea para bien o para mal. Por respeto y privacidad primeramente a mi esposo, a su familia y a otras personas, no escribiré detalladamente sobre este tema.

Con esa relación amorosa tan tóxica y enfermiza viví por cerca de cuatro años, hasta que por fin, con la ayuda de Dios, pude romper por completo. Y aunque ya me había alejado de esa relación amorosa, todo ese dolor, todas esas heridas, todo ese odio y rencor aún seguían atormentándome por dentro, y más con todas esas heridas de las malas relaciones amorosas que se añadieron.

Y sucedía que, por causa de andar con hombres casados, por el tipo de trabajo que tenía y por mi vida desordenada, no me aceptaban en ningún trabajo. Me hice de una muy mala reputación… Y siempre me etiquetaban y rechazaban, ya no como antes por mi deficiencia física, sino por mi comportamiento.

Unos años después de que me sané de la anorexia o bulimia, subí bastante de peso y todas las chicas de mi trabajo se burlaban y me decían que me miraba gorda y vieja; y como yo era la más grande de edad de todas ellas, les creía y me afectaba.

A consecuencia de esas murmuraciones, me obsesioné por bajar de peso, pero esta vez no lo hice por medio del vomito provocado, sino tomando unas pastillas que una señora me vendió. Tomaba las pastillas, pero no me alimentaba bien, sólo comía ensaladas verdes; prácticamente estaba haciendo doble dieta. Rápido baje de peso, pero, como no me alimentaba bien ni hacia ejercicio, entonces mi cuerpo se miraba todo fláxido; mi piel se me oscureció como si fueran manchas, pero todo eso fue a causa de mi falta de conocimiento, y por la obsesión de querer adelgazar. Como resultado, peor me sentía, porque ahora estaba convencida que era de fea apariencia.

Deprimida y con baja auto estima

Algunos días me sentía con mi autoestima alta, supuestamente feliz; entonces, me mostraba orgullosa, arrogante. Era en esos día cuando aprovechaba a salir con mis amigas a divertirme en fiestas donde se consumía bebidas alcohólicas.

El resto del tiempo quería pasar durmiendo; se me quitaba el hambre, y no quería hablar con nadie; sin embargo, debía ir a trabajar. En tales condiciones, me invadía un sentimiento de vergüenza, y como yo atendía en la tienda de conveniencia, todo el día me la pasaba de mal humor, enojada; y por supuesto, los clientes se quejaban con el Administrador.

Todos se daban cuenta de mi estado de ánimo, y lo único que hacían era burlarse o criticarme. Ese mismo espíritu de inferioridad que me había invadido, hacía que todos me miraran tal y como yo me sentía, por tal razón, siempre estaba aislada de los demás. Es que más fuerte era mi miedo al rechazo, discriminación y a las etiquetas, y, a mi parecer, mejor era permanecer aislada.

Una tarde al llegar del trabajo, me encerré en mi cuarto, agarré un cuchillo con ganas de ya no existir. El enemigo ya había puesto en mi mente de que nunca me iba a casar, y que tampoco podía tener hijos; hasta mi familia me lo decía, porque nunca me miraban en una relación seria o formal; y como todas mis hermanas se casaron de 20 años, y yo había cumplido 24 y ni novio me miraban, casi siempre me repetían lo mismo: "ya estás vieja y no te has casado, te va a dejar o ya te dejó el tren". Mi mamá me decía: "ya es tiempo de que sientes cabeza". Pero no sabían en realidad qué era lo que sucedía conmigo. Entiendo que querían lo mejor para mi, pero la forma como me decían, más me desesperaba, por lo cual aceptaba relacionarme con cualquier persona que me hablara bonito.

En una ocasión mi mamá me dijo que solamente yéndome lejos iba poder casarme y ser feliz… Sus palabras entraron tan fuertes en mi mente, y en mi desesperación, llorando me perforaba la palma de la mano con el cuchillo, y me cortaba la piel… Pero algo más fuerte que mi depresión me decía: "No lo hagas, no te mates" y esa voz profunda me detenía.

La voz lograba detener mis arrebatos. Es que, en realidad, por dentro sentía que no quería morirme, sólo quería olvidarme de mi sufrimiento. Estoy segura que Dios siempre estuvo allí, a mi lado, en todo momento, protegiéndome, porque Él tenía un propósito con mi vida y todo ese sufrimiento era parte de mis pruebas para forjar mi carácter. ¡Los demás me rechazaban, pero Dios siempre me amaba y aceptaba!

A causa de una decepción amorosa, estando en mi trabajo sufrí un ataque de nervios. Todo el cuerpo se me adormeció, las manos y los dedos se me paralizaron, la boca se me torció para un lado y no podía mover los labios, ni hablar; y no sentía el cuerpo.

Mis compañeras de trabajo llamaron rápido a la ambulancia y me llevaron de emergencia al Centro de Salud; me inyectaron y estuve toda la noche internada hasta que todo mi cuerpo volvió a la normalidad. Lo mismo me pasó varias veces, justo después que discutía por algo, con quien sea: me enojaba mucho y forzaba mis nervios golpeando cosas, o golpeándome a mí misma; me ponía como histérica y eso hacía que todo el cuerpo se me adormeciera poco a poco. Luego de cada ataque, ya no iba al Centro de Salud, ni tomaba medicina; esperaba que ese estado pasara de forma espontánea.

En ocasiones llegaban a mi trabajo los chicos que me etiquetaban en mi infancia y adolescencia cuando estudiaba, y comenzaban a tratarme mal, y a faltarme el respeto; yo, con el dolor y la vergüenza que sentía, ni les decía nada, me hacía la desatendida, fingía de que no me afectaba todo lo que me decían. Desarrollé esa forma de defenderme frente a ellos; pero a veces era tanta la ofensa, que no podía contener las ganas de llorar, y pidiendo permiso un rato, me iba para el sótano a llorar, renegando, sin entender el porqué de tantas chicas que estábamos trabajando allí, sólo a mí me trataban de esa manera. Salía del sótano cuando ya se habían ido mis agresores. Pero yo sabía que volverían…

Me sentía muy confundida, porque aunque pasara el tiempo, el rechazo y discriminación siempre me seguían; y mientras más sufría, más trataba de ahogar el dolor y sufrimiento con bebidas alcohólicas, y llevando una vida muy desordenada, muy viciosa y con relaciones amorosas muy toxicas, que lo único que buscaban en mí era diversión.

Pero mi intención no era divertirme, sino sentirme amada, querida, aprobada y valorada al lado de alguien. Lastimosamente, nadie me podía dar la felicidad que yo buscaba…

CAPÍTULO 8

EL TIEMPO DE DIOS ES PERFECTO

Conocí por Facebook a un chico soltero, y muy guapo por cierto, originario de un lugar cercano a mi pueblo. Mi mamá conocía a su familia, aunque él y toda su familia estaban viviendo en los Estados Unidos. Así que comenzamos a comunicarnos y nos hicimos amigos.

Ni por un momento pasó por mi mente que llegáramos a ser algo más que amigos. Nos considerábamos los dos, solamente amigos, y nos tratábamos siempre con mucho respeto.

Él era muy caballeroso y de corazón noble. Nunca me faltó al respeto ni nada por el estilo; era extremadamente amable en el trato. Nos llamábamos y nos escribíamos seguido, bueno, casi todos los días. A mí me encantaba comunicarme con él; era diferente a los demás.

Un día me preguntó si había alguna posibilidad de que yo pudiera viajar, ir y poder conocernos personalmente... Yo le respondí que me gustaría, pero que primero me pudiera conseguir un trabajo, para poder irme a trabajar.

Me respondió que sí, que eso era lo de menos... Y como siempre había querido irme lejos, a donde nadie me conociera, y más con lo que mi mamá me dijo una vez, de que sólo yéndome lejos podía ser feliz, pues me animé... ¡no lo pensé dos veces! Allí estaba mi oportunidad de irme lejos. Yo le dije que hablaría con mi mamá para poderle darle una respuesta, y así sucedió.

Le hice saber a mi mamá de mi decisión de irme a los Estados Unidos, pero no le dije por qué en realidad quería irme. Sabía que si le decía el motivo, no me dejaría ir, y no me daría el dinero que necesitaba. Le dije que quería irme lejos a trabajar, y así poder llevar una vida diferente; bueno, en parte era cierto, porque sí quería una vida mejor y sentía que alejándome de todo ese ambiente, o de ese entorno, encontraría una nueva realidad.

Tanto le insistí a mi mamá, que un día por fin se decidió y me dijo que si, y que hasta me daría el dinero para poder irme. Muy feliz le conté a mi amigo lo que mi mamá me había dicho, y comenzamos a ponernos de acuerdo y a hacer planes sobre el viaje.

Como una mi amiga me había contado que tenía un tío que llevaba gente para Estados Unidos, le pedí el número de teléfono, lo llamé y hablé con él sobre el viaje; me dijo que sí, pero que esperara un mes para hacer los trámites. En ese mes aproveché para renunciar a mi trabajo; no le conté a nadie sobre el viaje, sólo mi mamá lo sabía. A mis compañeras de trabajo les dije que había tomado vacaciones por un mes.

El comienzo de una linda historia de amor

Mi amigo y yo seguíamos manteniendo una respetuosa amistad. Pero después de tanto comunicarnos, cierto día me dijo que estaba enamorado de mí… Desde ese día comenzó a hablarme de forma cariñosa, y sobre todo muy respetuosa. Unos días después me dijo que si quería ser su novia.

Como ya teníamos bastante tiempo en comunicación, y además de eso su forma de ser era encantadora y muy distinta a los demás, sus palabras, su gran corazón, su manera de tratarme, bueno todo era especial en él, pues le dije que sí… Es que yo también ya comenzaba a sentir algo bonito por él. La forma en que me trataba, eso precisamente era lo que yo necesitaba: sentirme amada y valorada.

Desde que le dije que si, él comenzó a conquistar mi corazón de una manera muy diferente; fue algo muy hermoso, que hasta me devolvió las ganas de vivir. Este chico siempre me habló con respeto. ¡Era un caballero con un gran corazón, y muy lindo por dentro y por fuera!

Como ya estábamos planeando el viaje desde antes de que nos hiciéramos novios, entonces me dijo que me iba recibir, y que de una vez me fuera a vivir con él; me contó que iba a rentar un cuarto, y que allí viviríamos juntos. Pero no me habló nada acerca de su familia, y tampoco si ellos estuvieran de acuerdo de que me fuera a vivir con él, ya que él todavía vivía con su mamá y su hermana. Ya que estaba conquistando mi corazón con su hermosa manera de ser, pues, sin pensarlo demasiado, le dije que sí… Sin embargo, esa duda sobre el porqué no me había hablado nada de su familia, me había dejado un poco pensativa.

Quería ser alguien mejor en la vida

En ese tiempo yo ya sentía en mi corazón el deseo de ser una mujer diferente, una mejor persona. Quería dejar atrás toda esa vida desordenada que había estado llevando desde hace mucho tiempo, y sentía que yéndome lejos me ayudaría. Entonces planifiqué mi viaje, y le pedía mucho a Dios que me diera fuerza y valor para poder emprenderlo, pues era largo y peligroso. Le dije a Dios que si era Su Voluntad de que yo me fuera, que todo me saliera bien, que no hubiera complicaciones con los planes, y que tampoco mi mamá cambiara de opinión durante el mes de planificación.

En el transcurso de ese mes, mis amistades me invitaban a salir y a consumir bebidas alcohólicas como siempre, pero yo ya no aceptaba las invitaciones, menos a emborracharme.

No aceptaba por dos razones: una porque sentía y quería ser mejor persona en la vida; y otra, porque ya tenía planes de viajar a los Estados Unidos. Pasaban los días y mi viaje se aproximaba… Le pedí de favor a mi mamá que hablara con los pastores de la iglesia donde ella se congrega, para que un día antes de irme organizaran un culto en mi casa, y que también pudieran orar por mí; así sucedió: llegaron los pastores y muchos hermanos de la iglesia e hicieron el culto, y oraron por mí.

La despedida, el día más triste de mi vida

Esa misma noche después del culto, como en la mañana del día siguiente tenía que irme, entonces no dormí. Tenía miedo, nervios y tristeza por alejarme de mi mamá y de mis hermanos. Pasé esas horas llorando. ¡Era una tristeza tan grande e inexplicable! La despedida fue muy difícil, pero tenía que salir de ese lugar y de ese ambiente, para poder ser diferente y crecer como persona. En mi mente estaban grabadas las palabras de mi mamá, de que solamente yéndome lejos podía cambiar y encontrar a alguien que en verdad me amara, me valorara y me hiciera feliz. Para lograr lo que yo quería y deseaba, tenía que pagar el precio de alejarme de mi familia.

El 20 de Mayo del 2012, el día menos esperado de mi vida, me levanté y me alisté. Mi mamá reunió a todos mis hermanos para que nos pudiéramos despedir, y me fueron a dejar a la parada del bus… Allí fue el momento más triste de mi vida. Dejé atrás a toda mi familia, pero Dios me dio fuerzas y valor para soportar tan grande dolor.

CAPÍTULO 9

UN LARGO VIAJE LLENO DE SUFRIMIENTOS

Tomé el bus, llegue a la Capital, me bajé y tomé otro bus que me llevó hacia la frontera de Guatemala y México. Allí esperé muchos días, hasta que llegaron más personas.

Formado el grupo, entonces comenzamos nuestro recorrido: a ratos en carro, y ratos caminando. Cuando nos tocaba caminar, para mí era muy difícil, por el defecto de mi pierna. Como es muy delgada y no tengo fuerzas en mi pie, eso me impedía caminar rápido o correr; la forcé mucho y desde el principio del recorrido se me desgarró la pierna desde el pliegue y me comenzó a doler.

Mientras más caminaba, más fuerte se iba haciendo el dolor, y poco a poco se me iba inflamando; sin embargo, cuando ya llevaba un buen rato caminando, se me calentaban los nervios y el dolor disminuía; luego, cuando nos tocaba recorrer el camino en carro y descansábamos, los nervios se enfriaban, y cuando nos tocaba el turno de caminar, allí era lo difícil, porque no podía ni mover la pierna. Lo peor era que apenas comenzaba el recorrido.

Yo trataba de no ponerle tanta atención al dolor; a cambio, pensaba en unos versículos de la Biblia que mis hermanas me escribieron en un papel, y que me los había memorizado durante el tiempo que estuve en la frontera esperando a que llegaran las demás personas. Eso me ayudaba a olvidarme un poco del dolor.

A veces teníamos que cruzar pantanos llenos de monte y grama, y debíamos tener mucho cuidado, porque como era lodo muy aguado nos llegaba a veces hasta la cintura, y por la falta de fuerza en mi pie, me costaba mucho sacarlo del lodo para poder caminar. Más difícil me resultaba, porque algunos pantanos los cruzábamos de noche y no podía mirar donde pisaba; cada rato me deslizaba y caía sentada, y me costaba levantarme porque me quedaba atascada en el lodo movedizo. Como los zapatos se me mojaban y llevaba puestos unos de suela como de hule, me rosaba mucho el dedo grande en la parte de abajo, y me hicieron unas grandes ampollas; era doble dolor el que sentía, pero con dolor y todo, gracias a Dios, logré llegar a la frontera de México con los Estados Unidos.

Mi primer intento fallido -
Sólo DIOS sabe por qué pasan las cosas

En la frontera nos "embodegaron" como dos semanas. Cuando llegó el tiempo de cruzarnos por el rio, una noche antes nos avisaron para que nos preparáramos. Como a las 4 de la mañana tomamos cada uno un galón de agua, y nos llevaron al rio. Al llegar nos subieron en una lancha, cruzamos el rio y comenzamos a caminar en medio del monte; pero como todavía estaba oscuro me tropezaba mucho y a cada rato me caía en medio de la sarsa, por lo que los brazos se me raspaban con las espinas. Yo iba temblando de los nervios, al punto que ni caminar podía. Me sentía muy insegura del camino, no tenía nada de fe en poder llegar a mi destino.

Cuando ya llevábamos como dos horas caminando y estaba amaneciendo, nos dijeron que estábamos por entrar a una explanada grande: era como un sembradío y teníamos que correr porque fácilmente nos podían ver, y cómo íbamos en línea uno tras otro y yo iba adelante, cruzamos una cerca de alambre y entramos a la explanada. Como la línea era grande, los del frente casi estábamos por terminar el recorrido cuando gritaron: "La Migra, corran todos", y como yo iba adelante, cuando nos dimos la vuelta para correr de regreso, quedé hasta atrás. Tiré mi galón de agua y comencé a correr.

Al ver que los de migración me iban persiguiendo, tuve miedo y nervios, y ni correr rápido podía. Estando a punto de cruzar la calle, una patrulla se detuvo rápidamente, se bajó el Agente de Migración, me agarró y me llevó, lo mismo que a otras dos chicas que también habían agarrado. Nos sentaron en medio de la explanada a que descansaremos un rato.

Debido a que yo había corrido mucho no podía ni respirar, y me dolía el pecho y la garganta. Casi me desmayé. Un policía sacó unos panes con jalea, también una botella de agua y nos dio para que comiéramos. Esperaron a que nos recuperáramos un poco y nos llevaron en la patrulla a Migración. Allí comenzó todo el proceso.

Me regalaron una llamada. Llorando le llamé a mi novio, el chico por el cual había decidido venir a los Estados Unidos. Le conté que me había agarrado Migración. Él me dijo que no me preocupara, y que lo intentara nuevamente, que él siempre me estaría esperando el tiempo que fuera necesario… Eso me devolvió el ánimo para poder soportar todo ese duro y largo proceso.

Mientras se terminaba todo el procedimiento, me encerraron en una "hielera"; así les llaman a las celdas frías de migración acá en EE.UU. Dormía en el piso y me tapaba con un papel que parece aluminio. Nos daban ese "cobertor", porque como las celdas son frías, entonces esos papeles guardan el calor. Con ese papel nos tapábamos hasta dos o tres personas juntas, y aún así sentíamos mucho frio en las noches. Allí estuvimos como dos días y dos noches.

Cuando se terminó todo el proceso nos llevaron a otro lugar; al llegar, nos encerraron en una celda sólo para mujeres, y nos dieron dos uniformes; también había literas para que durmiéramos: a veces hasta dos en la primera y dos en la segunda planta, porque casi a diario llegaban nuevas chicas. Para la hora de cada comida abrían una baranda para pasar los recipientes.

Todo el día permanecíamos encerradas en esa pequeña celda. Nos sacaban al patio sólo un rato, un día por semana; y cuando nos sacaban, hasta mareada me sentía, que ni caminar podía a veces; todo eso por causa de tanto encierro y en esa pequeña celda que lo único que hacíamos era dormir todo el día.

De tan largo encierro y por no comer bien, me sentía deprimida, estresada, ansiosa, desesperada, con baja autoestima, con gastritis muy fuerte; me adelgacé bastante y me la pasaba sólo llorando, no quería ni hablar con nadie. Sólo oraba mucho; en silencio le pedía a Dios que me ayudara a salir de allí, y poder regresar. Le pedía a Dios que me diera la oportunidad de tener un esposo, y así construir un hogar y una familia, y que pudiéramos servirle juntos como familia. ¡Ese era mi sueño y mi ilusión, y le pedía a Dios que algún día se me hiciera realidad!

Felizmente allí había biblias, así que me ponía a leerla, y cada vez que la leía, siempre encontraba una palabra alentadora. Me sentía tan bien, que enseguida me memorizaba los versículos que leía...

Pasaban los días y no nos daban ninguna esperanza de poder salir. Eso me desesperaba. Los teléfonos públicos estaban ahí, pero eran por cobrar; la persona con quien uno quería hablar tenía que pagar con tarjeta de crédito para poder aceptar la llamada. Como yo tenía memorizado el número de teléfono de mi novio, le llamaba seguido. Siempre que le llamaba, él me contestaba; era raro el día en que no aceptara la llamada… Nos poníamos a hablar, y él siempre muy lindo y respetuoso conmigo.

Aunque no había podido pasar, no perdimos comunicación; él siempre seguía tratándome igual como lo hacía anteriormente, y me decía que no me preocupara, que lo volviera a intentar, y que él siempre me estaría esperando el tiempo que fuera necesario. Esas palabras también me ayudaban mucho para poder soportar el encierro.

Mientras yo estaba detenida por Migración, a mi mamá le contaron el verdadero motivo por el cual me había venido a los Estados Unidos. Cuando la llamé, ella estaba enojada; me dijo que ya lo sabía todo, y que ya no me dejaría intentar regresar nuevamente. Eso me desesperaba, porque yo si quería regresar.

Al cumplir un mes de estar encerrada, me dieron la buena noticia de que el siguiente día me devolverían para mi país; me puse muy feliz, y esa misma noche le llamé a mi mamá para que me esperara en el aeropuerto. También le llamé a mi novio para que lo supiera; y así sucedió: Al siguiente día me devolvieron en avión a mi país. Al llegar me recibió mi mamá, y como tenía dos meses de no verla, la abracé, lloramos juntas y volvimos a casa.

Ya estando en casa habló mi mamá conmigo y me dijo que ella no quería que yo me regresara, y menos si ese muchacho me iba a recibir... Le dije que yo sí me quería ir, porque ya no me siento bien viviendo en ese lugar. Le insistí hasta que me dijo: "te dejo ir, pero si llegas a donde tu prima que vive cerca de donde él vive". Le dije que sí, pero que primero iba a llegar a la casa de mi novio, y luego me iría para donde mi prima, con lo cual estuvo de acuerdo.

Ese mismo día le llamé a mi novio para preguntarle si todavía estaba de acuerdo con que me fuera, y me dijo: "¡si, claro mi amor, yo aquí la esperaré siempre!"; me recomendó tener anotado su número de teléfono y también el de su mamá, por si en algún momento no me pudiera contestar por su trabajo. Enseguida le contacté a la persona que me llevaría nuevamente. El contacto me dijo que me alistara, y que en dos días volveríamos a salir... Así sucedió: a los dos días, un domingo por la mañana, me despedí de mi familia nuevamente.

Un segundo intento - No me di por vencida

Salí para la frontera de Guatemala y México; allí me retuvieron unos días mientras llegaban las demás personas. Cuando ya el grupo estaba reunido, comencé nuevamente el recorrido. Esta vez todo fue más rápido; caminé menos tiempo para llegar a la frontera de México y Estados Unidos, pero aun así, de igual manera, sufrí mucho en el camino: la pierna me seguía doliendo y me costaba caminar; además, se me inflamó nuevamente.

Cuando llegué a la frontera me retuvieron como una semana más o menos. En el transcurso de ese tiempo sufrí mucho, ya que en el tiempo que estuve detenida en migración, me estresé demasiado y me deprimí, y cuando eso pasa, rápido me adelgazo. Estaba con el mismo estrés y bastante delgada, sin apetito y con una fuerte gastritis; el no comer hacía que más me doliera la boca del estómago, como también me dolía la pierna, me sentía muy débil y sin ánimos de nada.

Lo particular en esos lugares de la frontea es que hay muchas biblias. Leer la Biblia me ayudaba mucho, y así pasaba el tiempo… Una noche nos dijeron que nos preparáramos, porque el día siguiente saldríamos para cruzar el rio… Desde ese momento empezamos a prepararnos con agua y algo de comida. Creo que del miedo y los nervios no dormimos casi toda la noche, y entre la 1:00pm o 2:00pm más o menos nos llevaron y cruzamos el rio… Como por dos o tres horas nos escondieron en la orilla, entre unos matorrales, esperando a que el camino se despejara, y comenzamos a caminar. Gracias a Dios, esta vez yo iba bien segura, con mi confianza puesta en Dios y muy concentrada en el camino. Yo no tenía miedo ni nervios, sentía y creía que esta vez sí lo lograría. Iba pidiéndole a Dios que me ayudara en todo el camino por recorrer.

Al llegar a un lugar plano nos dijeron que corriéramos, porque adelante, después de una cerca de malla, estaba el carro que iba a llevarnos a la "bodega". Mucho me dolía mi pierna delgada, por el desgarre que sufrí tratando de cruzar la primera vez, por tanto, corría, pero sentía que no avanzaba. El guía me pedía que corriera más rápido… y con la ayuda de Dios, logré llegar a la cerca de malla, la escalé a como pude y salté rápido hacia el otro lado; luego corrí hacia el carro, y me subí casi lanzándome.

Era de noche cuando comenzamos el recorrido en carro. De repente, nos dijeron que nos bajáramos y que corriéramos a escondernos… Como pude me bajé. Tenía que cruzar una cerca de alambre, y al agacharme para poder meterme, mi blusa se me atascó en el alambre. Como estaba oscuro y no miraba nada alrededor, como pude me halé y la blusa que se rasgó. Corrimos a escondernos. Como a la hora llegaron a recogernos en el carro nuevamente, y nos llevaron a la "bodega".

Mi pierna comenzaba a inflamarse, pero aún así, cuando llegamos a la "bodega", me sentía feliz y agradecida con Dios porque todo me había salido bien. ¡Había avanzado, pues en el primer intento me agarraron antes de llegar a esa bodega! Allí estuvimos como una o dos semanas, y mi pierna no mejoraba. Al dolor de la pierna se sumaba el de mi gastritis. Me sentía muerta en vida… Menos mal que desde la frontera me había traído un librito que era el Nuevo Testamento; lo leía cada momento y eso me daba fuerzas y ánimos.

Pasadas unas semanas de estar en la "bodega", hicieron un grupo para comenzar a caminar por el desierto hacia nuestro próximo destino. Yo les dije que ya estaba desesperada y que si me podían llevar en ese grupo, pero me dijeron que no, que me llevarían en el próximo. Días después supimos que una de las señoras que estaba en el primer grupo había muerto en el camino, y cuando regresaron por el mismo sendero, ya los zopilotes estaban comiéndosela… En ese grupo era en el que yo, desesperada, me quería ir.

A la siguiente semana hicieron otro grupo y me incluyeron a mí. Nos dijeron que el siguiente día por la mañana saldríamos hacia el desierto para continuar nuestro recorrido, caminando. Nos preparamos con agua y comida, y por la mañana nos llevaron en carro a la orilla del desierto. Nos bajamos del carro y cruzamos una cerca de alambre. Yo llevaba mi Nuevo Testamento metido en la cintura, y cuando salte la cerca, se me cayó… Regresé rápido a buscarlo, pero no lo encontré, se quedó allí perdido… ¡lo sentí tanto!

Caminamos por algunas horas y nos escondimos para poder descansar, comer, y esperar a que llegara la noche para seguir caminando. Toda la noche caminamos. Iba segura y tranquila, no me sentía nerviosa y mi pierna dolía menos. Descansamos el segundo día, y por la tarde, ya entrada a noche, íbamos a caminar nuevamente.

Allí comenzó lo difícil para mí, porque mi pierna se me inflamó y tenía fiebre; me sentía muy débil y deshidratada. Me sentía muy mareada y que me desmayaba, por tanto, le dije a uno de los que nos dirigían que ya no podía seguir. El guía me contestó que no podía quedarme sola porque era muy peligroso, mayormente en la condición en la que me encontraba. Enseguida disolvió una bolsita de suero en un poco de agua, y me lo dio para que me lo bebiera junto con una pastilla de morfina para el dolor de la pierna. Me bebí todo eso y seguí caminando… Como a la hora después ya me sentía mejor, y con la pastilla que me dio la pierna como que se me adormeció…

Caminé bien casi toda la noche, pero al pasarme la reacción de la morfina, la pierna seguía doliéndome igual, o peor. En la tercera noche, caminando, a cada rato me caía porque había troncos de árboles gruesos cruzados en el camino, y no podía levantar la pierna. Del dolor pegaba gritos y me ponía a llorar. Los del grupo me ayudaban a pasar al otro lado. Tomando otra pastilla de morfina logré caminar toda la noche; al amanecer de la tercera y última noche caminando, llegamos a un rio y nos ordenaron que lo cruzáramos.

Debíamos quitarnos los zapatos, pero, como por la falta de fuerza en mi pie izquierdo a mí me cuesta ponérmelos, no quise quitármelos y cruce el rio con los zapatos puestos.

Seguimos caminando, llegamos al borde de una calle asfaltada y nos escondieron en unos matorrales. Al frente de la calle había una cerca de malla muy alta. Nos dijeron que estuviéramos atentos, y que cuando el carro se estacionara a la orilla, corriéramos, escaláramos la cerca de malla lo más rápido posible, cruzáramos la calle y nos subiéramos rápido al carro. Cuando los escuché me puse muy nerviosa, tanto por el dolor en mi pierna, como por la falta de fuerza en mi pie, por lo que no podía correr rápido, peor escalar la cerca de malla.

Cuando el carro se estacionó, todos corrimos a escalar la cerca de malla. Los muchos que trepaban, hacían que la malla se moviera demasiado como que se batiera… Yo, cuando quería subir los pies, no podía.

Cuando ya todos terminaron de escalar, yo también lo hice; salte desde no sé qué altura, corrí lo más rápido que pude para poder llegar a donde estaba el carro, y como me tardé en escalar la cerca, cuando llegué, ya todos estaban acomodados… Por poco me dejan, pues ya no había lugar para mí; así que me lancé encima de los demás. El chofer estaba muy enojado ya que no pueden estar estacionados por mucho tiempo en la calle, y por mi culpa, casi nos agarran,

Feliz y agradecida con DIOS
Un sueño hecho realidad

Nos llevaron a otra "bodega". Cuando llegamos, me sentí muy feliz y agradecida con Dios, porque aunque adolorida y todo, había logrado llegar. Enseguida llamé a mi suegra para que me diera el número de mi cuñada, y fue con ella que me comunique todos esos días que estuve en ese lugar.

Con mi novio sólo pude comunicarme una vez, porque su teléfono no se escuchaba muy bien. Entendí que esa fue la razón por la que me instruyó que mejor me comunicara con su mamá, o con su hermana.

Luego entendí también el porqué Dios no me había permitido pasar la primera vez. Mi novio no les había hablado nada de mi a su familia, y pensaba rentar un cuarto, y allí íbamos a vivir. A lo mejor pensaba hacerlo sin el consentimiento de su mamá, lo que hubiera causado muchos problemas. Tampoco yo quería vivir con él a escondidas de su familia, porque mi intención y mi ilusión era vivir con él para siempre, y poder formar un hogar y una familia estable. Era muy importante que su familia supiera todo, y que también fuera parte de nuestra decisión.

Le agradezco a Dios, y a su mamá y su hermana, porque aún sin conocerme, me trataron bien cuando me comuniqué con ellas. ¡Esta segunda vez, cuando logré llegar, ellas ya me esperaban, porque yo iba para su casa, y no para un cuarto rentado!

Una linda sorpresa

Debido a que todos esos días sólo me comuniqué con su hermana, yo pensé que ella llegaría a recibirme al lugar donde me iban a dejar. Pero al llegar al lugar, una gran sorpresa me esperaba… ¡Mi novio era quien me estaba esperando!. Cuando me bajé del carro y fui a donde él estaba, nos abrazamos, y sentí como si nos hubiésemos conocido de toda la vida. Me sentí muy bien con él desde el primer momento que lo conocí en persona; me sentí en confianza con él desde que lo vi por primera vez. Todo fue algo muy hermoso e inexplicable; mi corazón estaba volviendo a la vida. Él me trató con mucho respeto…

Cuando creía que nadie me valoraría, me puso en su vida sin importar lo que la gente dijera o pensara. Me aceptó con todo mi pasado.

CAPÍTULO 10

UNA NUEVA ETAPA VIVIENDO JUNTO A MI AMADO ESPOSO

Cuando me llevó a su casa me sentía incomoda, porque allí mismo también vivía su mamá y su hermana con su esposo y su niña. Cuando llegue sólo nos recibió su hermana, porque su mamá tenía un trabajo interno, y llegaba a casa solamente un día por semana. Su hermana no estaba trabajando pues estaba embarazada.

Al siguiente día él se fue temprano a trabajar y me quedé sola y muy triste, porque no tenía confianza con nadie más, sino sólo con él; en fin, me sentía muy incómoda… y como llevaba las piernas inflamadas, y aun me dolían mucho y ni caminar podía, con todo eso me sentía muy deprimida, estresada y con gastritis.

También estaba bastante delgada. Cuando me levanté, mi cuñada me dijo que si quería salir a conocer la ciudad. Por compromiso, en vez de decirle que no, le dije que sí.

Después me presentó a una amiga suya, y cuando la muchacha se dio cuenta de mis piernas, me pregunto qué porque tenía una pierna más delgada; yo, por pena y vergüenza no le dije la verdad sobre el porqué una era más delgada que la otra, y le dije que por el viaje se me había inflamado una y que por eso se me miraba una más delgada que la otra. Pero su amiga me quedaba viendo a todos mis defectos, y me hacía sentir insegura.

Cuando regresamos a la casa mi cuñada me dijo: "Hugo todos días lleva comida al trabajo, y yo le preparo su comida, de ahora en adelante le tocará a usted cocinarle". Cuando me dijo eso, pensé… ¡y ahora, qué hago, si yo no sé cocinar! y le respondí: está bien, y por pena y nervios no le conté que no sabía cómo.

Esa misma tarde me dijo que íbamos a cocinar: sacó todos los ingredientes, me explicó cómo se hacía, y luego se fue para su cuarto. Me quedé sola, cocinando, sin saber qué hacer. Por pena no le preguntaba, y a como pude lo hice. Ahí se dio cuenta de que yo no podía sabía cocinar, y así, poco a poco fui aprendiendo. Miraba cómo ella lo hacía; luego yo lo intentaba, y me salía mejor… No sólo aprendí a cocinar, sino que hasta aprendí a echar tortillas… ¡Gracias a Dios!

Al llegar a los Estados Unidos comenzó otra etapa de mi vida. Le conté a mi pareja todo sobre mi vida pasada; quería ser transparente con él, y que supiera todo acerca de mí. Le abrí mi corazón y fui muy sincera desde el principio, porque desde que lo conocí supe que él era esa persona ideal con la que quería pasar el resto de mi vida.

Él me aceptó con mis defectos y virtudes. Aun sabiendo todo acerca de mi pasado, decidió quedarse a mi lado, y por eso y mucho más aprendí a valorar y a cuidar mi relación con él. Y en el momento de contarle todo y ser transparente, fue muy duro y doloroso para ambos. Llorábamos juntos, nos consolábamos el uno al otro, y desde allí comenzó mi proceso de sanidad y liberación. Él quería saber hasta lo más mínimo de mi pasado y me hacía sentir un poco incomoda, pero de igual manera se lo decía, y después de contarle, me sentía mejor, pues lo sabía por mi, y no por boca de otras personas.

Cuando teníamos como dos meses más o menos de vivir juntos, decidimos que nos casaríamos, e ilusionados compramos los anillos de boda, sin comentárselo a nadie. Cuando se los enseñamos a mi cuñada, ella le dijo que no podíamos casarnos, porque si nos casábamos, su mamá ya no podía pedirlo para hacerse ciudadano Americano en un futuro. Eso lo desanimó, y desistimos del matrimonio; sólo nos quedamos con la ilusión. Un tiempo después vendimos los anillos, pero Dios sabe por qué hace las cosas, y siempre todo tiene bajo Su control.

La depresión y los temores se vinieron conmigo

A pesar de que ya estaba con mi esposo, esa persona especial para mí, me sentía con baja autoestima, estresada, deprimida y con muchos temores, especialmente viviendo en otro lugar y con otras personas que no conocía; me sentía muy incómoda. Mi familia estaba lejos y la extrañaba mucho, por lo cual me fue difícil acostumbrarme a vivir lejos de ellos, principalmente de mi mamá de quien siempre. Esa separación me afecto profundamente, al punto que comencé a pensar que mi vida no tenía sentido, y que mi mundo se derrumbaba estando lejos de ella.

Cuando mi esposo se iba a trabajar me quedaba muy sola y triste, y me encerraba en el cuarto a llorar; no me daban deseos de salir, ni de hablarle a nadie. Nuevamente tenía miedo a que me rechazaran y etiquetaran, aunque estaba lejos de las personas que me habían lastimado. Por un momento pensé que, estando lejos el rechazo, el menosprecio, y todo lo demás se había quedado atrás, pero no fue así. Llegué a creer que ese estado de ánimo, era la única manera de vivir. Yo no sabía qué significaba el estrés y depresión; sentía que tenía síntomas, pero no sabía su nombre.

Fue aquí en los Estados Unidos donde investigué y aprendí sobre esas enfermedades emocionales. Supe que yo actuaba de acuerdo a todas esas etiquetas que un día me hicieron creer, y me sentía impotente y con miedo y temor a todo. ¡Eran en realidad mi espejo!

Con el paso del tiempo, cuando mi esposo y yo ya teníamos confianza, también el me faltaba al respeto y hasta él me etiquetaba con palabras muy hirientes cada vez que discutíamos, y eso me causaba mucho dolor. Después de que él me decía palabras hirientes, yo no sentía enojo, sino que me quedaba suspensa y molesta, y con sentimiento herido, cuando él trataba de hablarme, yo me rehusaba. Así fueron los primeros años de estar juntos; discutíamos, y a los minutos, él ya estaba como si nada había pasado, mientras yo seguía molesta y sentimental. La verdad es que muchas cosas también andaban mal en mí, debido a todo lo que sufrí desde mi niñez; tenía muchos problemas encima y yo pensaba que no tenía ninguno, y que el de los problemas era mi esposo, o los demás; por eso cada vez que mi esposo hacia o me decía algo que no me gustaba, siempre rehusaba hablarle. Creía que hasta la persona amada me trataba mal.

Viviendo en la casa de mi suegra

Vivíamos en la misma casa con mi suegra y mi cuñada. Resulta que mi esposo tenía el "síndrome de la mamitis", y también dependía en cierta manera de su mamá. Cuando llegué a vivir con mi esposo, él no tenía ni un centavo ahorrado. Los primeros meses mi suegra nos ayudó económicamente, hasta que poco a poco comenzamos a ahorrar para poder comprar lo que necesitábamos, y ahí es que él se mal acostumbró a que mi suegra nos ayudara económicamente y quería depender de ella todo el tiempo. Para cualquier cosa le pedía dinero y discutíamos mucho por eso, ya que no era justo ni conveniente que mi suegra continuara ayudándonos. Después de algún tiempo de vivir todos juntos, comenzaron los disgustos, ofensas, faltas de respeto entre suegra, cuñada y nuera.

Bueno, creo que es normal que sucedan esos roces viviendo junto con la suegra y la cuñada, porque no a cualquiera le parece que alguien llegue de repente a invadir su casa. Además, como yo tengo una forma de ser completamente diferente a ellas, por eso surgían problemas a cada rato, por cualquier cosa. Yo era de las que no me quedaba callada; lo aprendí de mis padres que desde mi niñez siempre me corregían con golpes y gritos, y hasta cuando ya era una joven adulta mi mamá seguía haciéndolo.

Pensé que por fin me había librado de tanto grito y desorden familiar, porque quedé traumada de todo eso, pero al vivir con mi esposo, en su casa, con su familia, también sucedía lo mismo; me sentía como si estuviera en la casa con mi mamá. De verdad no era nada saludable vivir junto con mi suegra y cuñada, y no es nada recomendable que una pareja viva con los suegros, porque como dice el dicho: "el casado casa quiere".

No hay cosa mejor que vivir separados de los suegros, por el bien de todos, y ese era uno de mis sueños: de que algún día pudiéramos vivir en una casa solos, y poder formar una familia y construir un hogar estable y saludable.

El ambiente en casa de mi suegra me hacía sufrir mucho y provocaba que discutiéramos con mi esposo, sin una verdadera causa. Sintiéndome incomoda, yo le pedía que buscáramos dónde vivir solos, porque no me sentía nada bien en ese ambiente. Él me decía que no, que el allí se sentía bien, junto a su familia. Yo me ponía a llorar y a renegar por qué aún estando con la persona a quien amo, seguía sufriendo, y más aún, viviendo con tanta incomodidad, allí, todos juntos.

Encerrada en el baño me desahogaba llorando, y como me enojaba mucho y me lo guardaba todo, entonces me enfermaba, me dolía mucho la mitad de la cabeza junto con el ojo y la parte de la cara, como punto de derrame. Dos veces fui al hospital y nunca me encontraban ninguna enfermedad física; me decían: "usted lo que tiene es fatiga, ansiedad, estrés y cansancio". Por todo eso la mayoría del tiempo vivía delgada, demacrada, algo así como muerta en vida, y lo peor, como me lo guardaba todo, mi corazón se llenaba de odio y rencor, y pasaba amargada, provocando que a veces hasta se burlaban de mi por vivir todo el tiempo enojada. Yo miraba a la gente sonreír, disfrutar y divertirse, y hasta envidia me daba, y coraje al verlos así, mientras yo no sentía esa libertad. Es que me sentía como reprimida e incómoda viviendo de esa manera.

Llevábamos pocos meses de estar viviendo juntos, y mi esposo se enfermó: casi no comía, se sentía y miraba muy mal, y ni la medicina lo mejoraba. Estábamos preocupados por eso, y mi suegra y mi cuñada dijeron que lo iban a llevar a donde un brujo. Lo llevaron y yo fui con ellos, pero no entré, sino que me quede en el carro, pues no creo en eso, ya que desde pequeña conozco las cosas de Dios y también había sido evangélica. Cuando regresaron dijeron que el brujo, en vez de ayudarlo, más lo enfermó; les dijo que él estaba así, enfermo, porque tenía el VIH-Sida, por lo que, al escuchar eso, sólo de pensarlo, lo enfermo aún más.

Al escuchar tan fea noticia del brujo, me sentí preocupada y confundida, porque si eso era cierto, hasta yo lo tendría. Querían salir de la duda, y nos llevaron directo al Hospital a que nos hicieran las pruebas del VIH. Nos atendieron rápido. Mientras esperábamos por los resultados, yo le pedía a Dios que no salieran positivas. En el fondo de mi corazón sentía una confianza y seguridad de que estábamos sanos y también trataba de consolar y animar a mi esposo, porque él sí estaba más preocupado. Los resultados salieron negativos, y desde ese momento, mi esposo comenzó a sentirse mejor, su preocupación desapareció y se sentía feliz. En medio de todo ese proceso vivimos como cinco años.

Los primeros años viviendo juntos como pareja, en parte fueron difíciles para ambos. Pasamos tiempos incómodos, agravados por compartir la vivienda con mi suegra y mi cuñada. Sólo por la misericordia de Dios, y por el amor que nos teníamos el uno al otro, permanecimos unidos y de pie. ¡Al final de todo, es el amor el que siempre gana! Me costó mucho trabajo acostumbrarme a otras personas y a otro lugar, a otra cultura, a otro ambiente y todas sus costumbres.

CAPÍTULO 11

ANHELANDO UN EMBARAZO

Como escribí anteriormente, el enemigo me había hecho creer que tampoco podría tener hijos. Yo deseaba quedar embarazada, y no podía. Siempre le pedía a Dios que me diera la oportunidad de tener mis hijos, pero pasaba el tiempo y seguía sin quedar embarazada.

Le pregunté a mi esposo qué pasaría si yo no podría tener hijos. Yo quería saber qué era lo que él pensaba, y me contestó: "No se preocupe porque si no podemos tener nuestros propios hijos pues podemos adoptarlos, pero yo no la voy a dejar sola porque no pueda tener hijos, pues yo la amo y quiero que vivamos juntos por siempre, si Dios así lo permite". Enseguida me abrazó y lloré en sus brazos, pero no de dolor, sino de alegría y felicidad… Su respuesta me tranquilizó, y confortó mi alma, ya que él comprendía, y entendía mi situación.

Mi sueño hecho realidad.
Todo llega a su tiempo

A una amiga en mi trabajo le comenté mi situación, y ella me recomendó una Clínica en donde hacían exámenes y daban tratamientos para poder quedar embarazada. Fui y se me dio la lista de exámenes que tenía que hacerme, pero el costo de todos los exámenes juntos era demasiado alto, y no contaba con ese dinero.

Pasó un tiempo, hasta que un día sentí dolor en los ovarios y le pedí a mi esposo que fuéramos a esa Clínica para ver qué me decían sobre esos exámenes. A la mañana siguiente me llevó, y me dijeron que tenía la opción de pagar la mitad ese día, y la otra mitad el día que estuvieran listos los resultados. Me los hicieron y me pidieron que en una semana fuera a retirarlos.

Cuando me disponía a irme a mi casa, en ese momento me dijo una enfermera: "Te voy a hacer una prueba de embarazo, sólo para desengañarnos, a lo mejor, quién sabe, y estás embarazada"… A mí me dio risa, y dije sí, pensando… ¡si de todos modos ni puedo quedar embarazada!... Ni nerviosa me puse al esperar por el resultado de la prueba de embarazo, porque para mí era imposible.

Unos minutos después me dice la enfermera toda asombrada: ¡Mira la prueba!... Y cuando la vi, ¡tenia las dos rayitas!... Me quedé sin palabras. De la emoción que sentía, me puse a llorar; sentía una felicidad tan grande, y como cosa rara, desde ese momento me atacaron los síntomas de embarazo.

Mi esposo no estaba allí en ese momento, se había ido al estacionamiento a traer el carro; rápido lo llamé, y le conté. No lo podía creer... Me decía que estaba bromeando con él. Cuando vio la muestra de embarazo, también se llenó de felicidad. En fin, por gusto me hice los exámenes y perdí la mitad del dinero, por no hacerme una prueba de embarazo, antes de los otros exámenes.

Al llegar a casa le contamos a mi cuñada. Ella no lo podía creer, aun mostrándole la prueba, y nos dijo: "A veces esas pruebas de las clínicas no son buenas y mienten". Dudaba, porque, al fin y al cabo, ella y mi suegra también sabían que yo no podía tener hijos. Me pidió: "Vaya a la Farmacia por una de las buenas, y se la hace".

Nos fuimos y compramos un paquete de tres pruebas y me hice dos, y las dos me salieron positivas, y ni aun así terminaba por creer mi cuñada; todavía seguía con un poco de duda… Al siguiente día fui a la Clínica para los chequeos del embarazo. Me dieron cita para otro día, para poder chequearle el corazón, para que todo estuviera bien.

En la clínica le chequearon el corazón, y quizás, como tenía muy poco tiempo de embarazo, no se escuchaba sus latidos. Volví días después, y tampoco se escuchaba el latido del corazón. Yo me preocupaba mucho y le contaba a mi cuñada. Ella me contó que conoció a una muchacha que le pasó algo similar: que según los doctores, estaba embarazada; que el estómago le crecía como si en verdad lo estuviera, pero que no le sentían latir el corazón, y que al final, cuando ya le había crecido mucho, se dieron cuenta que no era embarazo sino un tumor que le había crecido en el estómago. Más o menos así me contó ella, y al escucharla, más me preocupaba y me ponía a llorar en mi cuarto. Cuando volví a la Clínica le chequearon el corazón, y por fin se pudo escuchar sus latidos. Me dijeron que todo estaba bien, y me sentí muy feliz…

A lo mejor, de tanta emoción, ansiedad y desesperación me atacaron bien fuerte los síntomas del embarazo, porque sentía morirme. Pasaba casi todo el día vomitando y con muchas nauseas; era algo insoportable, que como dicen, "no se lo deseo ni a mi peor enemigo". Por cierto, todos me criticaban, pero en realidad, sólo Dios y yo sabíamos lo que sentía. Con esos síntomas continuaba con mi embarazo.

Cuando tenía como cuatro meses de gestación, soñé que tenía una niña en mis brazos, era de uno o dos años más o menos y muy delgadita, se llamaba ARIANNA. Cuando me desperté, recordaba perfectamente del sueño y del nombre. Le conté a mi esposo y desde ese momento decidimos de que si era niña le pondríamos ARIANNA, sólo buscaríamos el segundo nombre.

Al hacerme un ultrasonido para conocer el sexo del bebe, nos dijo el doctor que era una niña. ¡El sueño se me había hecho realidad, y hasta el nombre teníamos listo!. Deseaba tanto que naciera, que hasta me desesperaba, me llenaba de ansiedad y sentía que el tiempo no pasaba rápido; contaba los días, las semanas y los meses, y la ansiedad hacía que mis síntomas fueran más fuertes. Mi vientre cada día era más grande, y todavía me faltaban varios meses… Lastimosamente también me dio diabetes gestacional, y tenía que controlar todo lo que comía, con lo cual hasta en los alimentos tenía que abstenerme, aunque yo quería comer de todo lo que veía.

ARIANNA y su nacimiento prematuro

Cuando llevaba 31 semana de embarazo, un lunes por la noche me senté a llenar las invitaciones para el "baby shower" y sentí unas patadas bien fuertes en el vientre. No le puse cuidado y seguí escribiendo en los sobres. A eso de las 10:00 de la noche, ya acostados, estábamos viendo una película, y de repente sentí un halón muy fuerte en el vientre; la fuente se me reventó, y quedamos bien mojados los dos. Mi esposo fue rápido a contarle a mi cuñada, llamaron de inmediato la ambulancia y me llevaron de emergencia al Hospital. Sólo mi cuñada se fue conmigo; y cuando llegamos, me chequearon, y me dijeron que me iban a internar por 17 días con la bebé adentro y con la fuente reventada, porque todavía le faltaba mucho para nacer.

Pasé toda esa noche internada. Me dolía mucho el vientre. Cuando en la mañana llegó mi esposo, le conté lo que el doctor me había dicho. Al decirles que no iba a poder aguantar porque me dolía mucho, cambiaron de opinión y me dijeron que me iban a hacer cesárea. Me prepararon, y da la casualidad de que la doctora que me iba a operar, era la misma que llevó el control de mi embarazo en la Clínica. Era una buena doctora y me quería mucho… A eso de las 6:00pm me llevaron a la sala de operaciones. Con mucho miedo yo lloraba, no sabía cómo era esa operación, pero la doctora me abrazaba y me daba palabras de aliento que me tranquilizaban.

Me anestesiaron, me hicieron la cesárea, y cuando sacaron a la niña no tuve la oportunidad de ver su carita, porque se le llevaron directamente a la incubadora. Hasta como a los dos días después la pude conocer. Cuando fui a verla, me dio mucha tristeza porque estaba irreconocible ya que como todavía le faltaban nueve semanas para nacer, sus rasgos genéticos todavía no estaban desarrollados. La tenían en la incubadora con cables por todos lados; por una manguerita metida en la nariz le daban la leche. Podía verla, mas no abrazarla. Después de que deseaba tanto que naciera, ahora estaba viviendo esa situación tan difícil.

Estuve internada tres días. Me dieron de alta, por tanto tenía que ir a casa yo sola, y la niña se tenía que quedar por dos o tres semanas más. Me dijeron que tenía que ir todos los días a dejarle leche materna. Era invierno, hacía mucho frio y había mucha nieve. Me fui para mi casa, y como ella nació el 10 de Febrero, y me dieron de alta del hospital el 13 de Febrero, al siguiente día salimos todos a comer por el "Día del Amor y la Amistad". Yo recién operada y con un gran dolor porque todavía no me podía enderezar, caminando un poco jorobada, de todos modos, así me fui, algo que nunca debí hacer, y que hasta la fecha me arrepiento… No tuve reposo porque todos los día iba al hospital a dejarle leche y así pasé como tres semanas, hasta que me la dieron, y nos trajimos a nuestra hijita casa.

Un largo y duro proceso con mi hija
Y mi regreso a los caminos de DIOS

Desde que la niña salió del hospital comenzamos un largo y duro proceso con ella. Era tan pequeñita y delgadita que para bañarla me la ponía en la palma de la mano. Lloró por primera vez hasta cuando tenía más o menos un mes de nacida, a lo mejor fue porque nació nueve semanas antes.

Nunca imaginé que ella nacería en esas condiciones; le costaba mucho beber leche; debía tener mucha paciencia con ella para darle su leche, porque toda se le salía de la boca cuando se la estaba bebiendo, y casi siempre vomitaba; no retenía nada de leche en el estómago. Todos los días llegaba una enfermera a medirla y a pesarla; la niña pasaba sólo enferma, y si no se enfermaba de una cosa, se enfermaba de otra.

Mis hermanas que viven en Guatemala me llamaban y me decían que me reconciliara y que buscara a Dios nuevamente, y yo no quería, no tanto porque no me gustara, sino porque sentía que después de todos los errores y pecados que había cometido en mi vida pasada, no me merecía nada bueno de parte de Dios, y que Él no me aceptaría. Me sentía culpable y cada vez que me hablaban de Dios, buscaba la manera de cambiarles la conversación. Me sentía incómoda y buscaba evadirlas.

Cuando la niña tenía más o menos un año y medio, cuando dormía, no podía respirar por la congestión en la nariz; sólo respiraba por la boca. Pero era algo tan extraño, porque sólo se congestionaba cuando dormía. Cuando se levantaba andaba como si nada pasara. La doctora me decía que era alergia, y me daba medicamentos que no le hacían efecto.

Así pasó un tiempo y como vimos que no era normal, la llevamos con un otorrinolaringólogo que le diagnosticó Adenoides y amígdalas inflamadas; ese era el motivo por el cual ella no podía respirar cuando dormía. Dijeron que por su edad no podían operarla, sino hasta que cumpliera cuatro a cinco años. Mi niña seguía sufriendo, porque cuando le daba gripe se ponía peor, y yo tenía que pasar casi toda la noche cuidándola para que no se ahogara por falta de respiración.

Una de mis hermanas que viven en Guatemala me llamó, y llorando le conté la situación. Ella, que es cristiana, me pidió que oráramos por la niña. Aunque no me gustaba hablar de las cosas de Dios, no sólo acepté que orara por ella, sino que hasta oramos juntas. Después de orar me sentí muy bien, y desde ese momento en mi corazón busqué de Dios nuevamente y me propuse ir a una iglesia. Hablé con mi esposo acerca de eso, y el siguiente domingo, 17 de Julio del 2016 fuimos a la Iglesia. Allí me sentí muy bien, tenía paz en mi corazón, y después de varios domingos congregándonos, sentí el deseo de reconciliarme con Dios. Fue algo maravilloso, pues después de 10 años que viví descarriada, como el hijo pródigo volví nuevamente a Sus caminos, y Dios me recibió con los brazos abiertos, a pesar de todos los pecados cometidos. Fue totalmente lo contrario de lo que yo pensaba.

A medida que crecía, mi hija Arianna se enfermaba seguido, si no era de una cosa, era de otra. En ese tiempo yo trabajaba y tenía que dejarla todos los días donde una niñera. Yo tenía la paciencia para tratar de que mi hija comiera aunque sea un poquito. La niñera siempre me decía que casi no comía, o que no quería comer. Mientras estaba al cuidado de la niñera, mirábamos que más delgada se ponía. Un día iba yo para mi trabajo en el tren, y precisamente en el momento de que yo me estaba bajando, me entró una llamada de la niñera; le contesté, y me pidió que me regresara porque la niña tenía todo el cuerpo lleno de ronchas rojas y que no dejaba de llorar. Allí mismo tomé el tren de regreso. Llevé a mi niña de emergencia al Hospital. Le hicieron exámenes de sangre y me dijeron que tenía una enfermedad que se llama Rosácea, y que no era de gravedad, que desaparecía de tres a cinco días. Mientras tanto, mi niña sufría porque tenía todo el cuerpo, hasta la cara, lleno de ronchas rojas que le picaban, y no dejaba de llorar.

Un día la niñera me envió una foto de la niña y se miraba bien decaída y débil. Se la mostré a mi esposo y se preocupó cuando la vio así; desde ese momento me dijo que ya no trabajara y que mejor la cuidara; yo, por supuesto, dejé de trabajar y me dediqué por completo a cuidar a mi niña.

En una ocasión se me enfermó de diarrea, vómitos y fiebres bien fuertes. La llevamos de emergencia al Hospital; los doctores le daban medicina, pero seguía igual. También la llevábamos a que la sobaran por si era empacho, y peor se ponía; yo no hallaba qué hacer; pensaba que se me iba a morir ya que lo poco que comía lo vomitaba, y tampoco la diarrea se le calmaba.

La niña ya estaba bastante delgada y muy débil, pero como ya estaba yendo a la Iglesia, orando por ella reparé en que ya tenía dos años y todavía no la habíamos presentado a Dios. Asumí que tal vez por eso se enfermaba demasiado. Desde ese momento entendí por qué la niña se enfermaba tanto. Hablé con los pastores, y el siguiente domingo la presentamos en la Iglesia; los pastores oraron por ella, y desde ese día, la niña, gracias a Dios, no se volvió a enfermar como anteriormente lo hacía; comenzó a recuperarse; ya retenía lo poquito que comía, tenía menos diarrea y vomitaba menos. Comenzó a recuperar su peso y prácticamente ya estaba volviendo a ser una niña normal; muchas personas, cuando la miraban, hasta se sorprendían de verla ya no tan desnutrida como antes.

Al haber pasado todas estas dificultades con mi niña, y haberlas superado, yo sostengo que Dios es bueno, y que para siempre es Su misericordia. Estábamos yendo a una iglesia, aunque yo estaba acostumbrada a la denominación a la que asistíamos en Guatemala, las Asamblea de Dios; por tanto, le pedía a Dios que me permitiera congregarme en una iglesia pentecostal de sana doctrina. Llevábamos como cuatro meses congregándonos, y un día mi esposo me contó que su jefe le había dicho que a principios del siguiente año mudaría su compañía a otro Estado, y que si quería seguir trabajando en su Compañía, también tendría que mudarse, para no viajar de un Estado a otro.

Nosotros vivíamos en New York, y como yo deseaba y le pedía a Dios que nos permitiera vivir solos como familia, en nuestro propio espacio, y así poder construir nuestro hogar ¡pues allí estaba la oportunidad!... Nos mudaríamos el primer semestre del año 2017.

"*Él nos salvó, no por nuestras propias obras de justicia, sino por su misericordia. Nos salvó mediante el lavamiento de la regeneración y de la renovación por el Espíritu Santo.*"

Tito 3:5

CAPÍTULO 12

UN NUEVO COMIENZO
EN NUESTRO PROPIO ESPACIO

A principios de Enero quedé embarazada de mi hijo Huguito, y me sentía muy feliz, porque yo quería otro hijo, pero que fuera varón, para tener la parejita. ¡Y Dios me lo concedió!

Cuando tenía entre 3 y 4 meses de embarazo nos mudamos de New York para New Jersey, el Estado al que se iba a mudar la Compañía donde trabaja mi esposo. Cuando nos mudamos, sentía una paz y tranquilidad en nuestro propio hogar, y también por el área donde nos instalamos. Todo era muy agradable.

Claro que por mi embarazo me costó un poco adaptarme, porque mientras hacíamos el traspaso de una clínica a otra, tenía que viajar a New York para poder continuar con los chequeos, ya que como estábamos recién llegados a New Jersey, no conocíamos a nadie, y tampoco conocíamos ni una Iglesia a donde poder congregarme nuevamente.

Le seguía pidiendo a Dios que me ayudara a encontrar una Iglesia Pentecostal de las Asambleas de Dios. Un día a mi esposo se le dañó el carro; estaba muy preocupado porque según él, se le había dañado una pieza que era difícil de encontrar, y a lo mejor era muy caro la arreglada, o quizás ya no tendría arreglo. Un amigo suyo le recomendó un taller cercano a donde vivimos; entonces, consiguió una grúa y lo llevó a ese taller.

Cuando mi esposo regresó a casa, me contó que en el Taller, el mecánico estaba escuchando música cristiana, y por eso le preguntó si era cristiano; él mecánico le dijo que si, por lo cual mi esposo le dijo: "mi esposa también es cristiana, y anda buscando una iglesia para congregarse porque recién nos mudamos para esta área y no conocemos mucho".

El mecánico, en seguida le dio un papel con toda la información de la iglesia donde él y su familia se congregaban; y cuando terminó de chequear el carro, resulta que no estaba tan dañado como mi esposo se imaginaba, y gastó una mínima cantidad de dinero... Yo me sentí muy feliz porque ya Dios había contestado mi petición; ya había encontrado una iglesia para congregarme, y el siguiente domingo fuimos a la Iglesia. Para mi sorpresa, era precisamente de las Asambleas de Dios como yo andaba buscando.

Con el segundo embarazo también sufría mucho, porque desde el principio me diagnosticaron diabetes gestacional, y los doctores me pusieron una dieta muy estricta; eso me frustraba y me estresaba demasiado porque me daban antojos de comer de todo, y por la dieta no podía; me pasaba lo mismo como mi primer embarazo. En el último mes de gestación tenía que ir al hospital casi todos los días, a que monitorearan al bebé con unas cuerdas. Me pasaba casi todo el día en el hospital, porque los doctores temían que al bebé también le diera diabetes. Era muy agotador el tener que estar yendo casi todos los días. Iba con mi niña, y ella, a veces, se acostaba en la camilla junto a mí.

Nacimiento de mi hijo HUGO
Mi mejor regalo de cumpleaños

Cuando ya faltaba poco para que naciera mi hijo, programaron la cesárea para el 25 de Septiembre; y como mi cumpleaños es el 17 de Septiembre, yo deseaba que naciera en esa fecha, o sea, una semana antes…

Pues bien, en la madrugada del 17 de Septiembre me comenzó a doler el vientre.

El dolor era leve y no tan seguido, por lo que no le puse mucha atención; pensé que era normal y así, con esos dolores pasé unas horas sin poder dormir. Comenzando a amanecer, el dolor se hizo un poco más fuerte, e iba aumentando paulatinamente. Como se volvió muy intenso, le dije a mi esposo que mejor fuéramos a dejar a la niña donde mi cuñada, y me llevara a Emergencias del Hospital. Después de las 7 de la mañana llegamos al Hospital.

A pesar de los fuertes dolores me sentía muy feliz, porque gracias a Dios mi deseo se estaba cumpliendo… ¡Me hicieron la cesárea a las 9:30AM! Fue el mejor regalo que recibí el día de mi cumpleaños. A mi hijo, mi Huguito, a él si lo pude abrazar desde el momento que nació, y lo tuve conmigo todo el tiempo que estuve en el hospital. Nació en el tiempo completo de gestación, fue todo lo contrario a lo de mi hija Arianna.

A los tres días salí del hospital. Mi hijita Arianna tenía dos años y medio de edad. Mi cuñada se ofreció a cuidarla mientras yo me recuperaba, pero no acepté, porque no quería tenerla lejos de mí; quería tenerla también conmigo, aunque me costaba mucho esfuerzo con los dos, debido a la cesárea.

Faltaban cinco días para terminar mi periodo de dieta posparto, y bajando del segundo nivel de mi casa que tiene bastantes gradas, alfombradas y algo resbaladizas, me tropecé y caí sentada hasta la última grada… Con mucho dolor en la espalda, me fui corriendo al baño, a ver si se me había abierto la herida de la cesárea. Gracias a Dios no paso nada, sólo fue el golpe.

A la semana después de que nació mi hijo, me comenzó una sensación extraña, algo como nostalgia y unas inmensas ganas de llorar. Cuando mi esposo se iba a trabajar era aún peor, porque me sentía sola y me daba desesperación cuando él no llegaba rápido a casa; y también sentía lo mismo cuando le daba el pecho al bebé. Fue ésta la razón por la que dejé de amamantarle. Fue lo mismo que me sucedió con Arianna, aunque con ella no fue tan fuerte como con Huguito. Todo eso que sentía no quise contárselo a nadie, ni siquiera al doctor, porque yo ya sabía que eso se llamaba depresión posparto. Gracias a Dios, poco a poco se me fue quitando.

Después que nació Huguito tenía que estar en reposo, y no podía ir a la iglesia. Había pasado un mes, y como que el desánimo había llegado a mi vida, porque cuando ya era tiempo de volver a la iglesia, no sentía el más mínimo deseo; prácticamente ya no quería ir.

Un sábado por la mañana, mi esposo me dijo que había visto un carro y que lo quería comprar, pero que estaba en New York, a hora y media más o menos de distancia. Le dije que fuéramos a verlo, y así fue. Cuando llegamos lo chequeó detenidamente, le gusto y lo compró. Como andábamos en otro carro, mi esposo me dijo: "llévese el carro de nosotros y yo me voy a llevar el que compré". Yo no sabía conducir muy bien… El niño tenía un mes de nacido, y con él en el auto regresé manejando.

Era de noche; mi esposo venia adelante dirigiéndome, y yo ¡estaba aterrada!... Llevaba casi hora y media manejando; hasta el momento todo lo había hecho bien, pero cuando faltaban como dos o tres minutos para llegar a casa, estando cerca de un punto de peaje, cuando íbamos a entrar al carril para pagar, de un momento a otro mi esposo se cambió de carril. Me puse nerviosa porque pensé que lo podía perder de vista, y también quise pasarme a su carril: desvié la llanta un poco para pasarme, venia otro carro bastante rápido y ¡plum!!! le dio un gran golpe a mi carro, lo aplastó un poco y también aplastó el suyo. Mi hijito iba del lado en donde fue el golpe, pero gracias a Dios no le paso nada malo.

Mi esposo rápido estacionó su carro y me fue a ver. La dueña del otro auto llamó a la Policía. El Oficial me hizo muchas preguntas, y me citaron para una Corte, y como yo nunca había pasado por algo así, me sentía con miedo, y más porque muchas personas me decían que me podían deportar y que hasta me podían quitar mi hijo por andarlo exponiendo a peligros como ese. ¡Y tampoco tenía licencia de conducir! Me decían muchas cosas que en vez de darme aliento, me desesperaban.

Desde esa vez me quedó un inmenso miedo a manejar. Era un sábado por la noche… por tanto, al día siguiente, sin pensarlo dos veces, me alisté, y me fui con los niños a la Iglesia. Creo que si no hubiese sido por ese accidente, yo ya no hubiera seguido congregándome.

Gracias a Dios, todo me salió bien en la Corte. La gente me decía que iba a pagar mucho dinero, pero no pague casi nada. En resumen, seguí congregándome, y unos días después presentamos a mi hijo Huguito en la iglesia.

Matrimonio civil y por la Iglesia

Para poder ser miembro activo de la iglesia tenía que casarme, ya que vivíamos en unión de hecho con mi esposo. Vivíamos así, no porque queríamos, sino porque como la mamá es ciudadana Americana y lo iba a pedir para que también a él le dieran la residencia, ella le dijo, desde que nos juntamos, que no nos podíamos casar, porque a lo mejor, ya casado, no se podría o sería más largo o más difícil el proceso de residencia.

Antes de pedirle a mi esposo que nos casemos, oré y le pedí a Dios que pusiera en su corazón el mismo deseo. Varios días de pedirle eso a Dios, hablé con mi esposo, ¡y él me dijo que si!... Entonces hicimos todos los trámites, y nos casamos por el civil, y por la Iglesia.

CAPÍTULO 13

ANHELANDO CRECER COMO PERSONA

Comencé a buscar más de Dios, pero sentía que había algo que no me dejaba acercarme más a Él. Todos los pecados cometidos en mi vida pasada, todas esas ataduras que aún estaban en mí, me atormentaban.

Una noche, orando, le abrí mi corazón a Dios y le confesé todo lo que yo había hecho en mi pasado; me desahogué contándole todo a Dios. Saqué todo lo que traía por dentro y que no me dejaba estar tranquila. Fue muy difícil hacerlo, pero después de eso, sentí que Dios me escuchó, y también sentí paz en mi alma y corazón. Le pedí perdón, y después era como si nunca hubiese pecado. Me sentía libre de pecado y de la culpabilidad que no me dejaba tranquila.

También perdoné y le pedí perdón a mi suegra por

mis faltas de respeto hacia ella, cuando viví en su casa. Desde que me reconcilié con Dios, comencé a entender que, para que todo cambiara a mi alrededor, primero tenía que cambiar yo. Hoy llevo una bonita relación con mi suegra y con mi cuñada, y también las quiero mucho.

Al haberme arrepentido, ya no me sentía con miedo de que la gente me juzgara o me criticara por mi pasado, porque estaba segura de que Dios me perdonó, y me limpió de todas las faltas que había cometido. Dios me perdonó de mi mala manera de vivir, porque, como dice la Biblia en 1 Juan 1:9… "Si confesamos nuestros pecados él es fiel y justo para perdonar nuestros pecados y limpiarnos de toda maldad".

Pero, aunque Dios ya me había perdonado, y yo ya me sentía libre de pecado y sin culpabilidad, las ataduras y los temores todavía seguían atormentándome, porque Dios nos perdona si nos confesamos ante Él, pero las ataduras aún quedan en nosotros. Esas son difíciles de romperlas, y se logra vencerlas sólo con ayuno, oración y lectura de la Palabra de Dios. Como dice la Biblia en San Mateo 17:21… "Pero este género no sale, sino con oración y ayuno". Pues eso es lo que trataba de hacer: ayunaba y oraba mucho, pero aun así, no me sentía libre por completo. Unos días me sentía bien como si nada me atormentaba, pero otros días me sentía muy mal, y eso me desesperaba, porque aún me seguía sintiendo como al principio, como poca cosa e inferior ante los demás, insegura, con miedos, temores, con baja autoestima, tímida, inútil, tonta, etcétera.

En fin, todavía el enemigo me quería hacer creer cuanto me etiquetaban. A veces cuando hablaba con una de mis hermanas que vive en Guatemala, le contaba todo de cómo me sentía, y el porqué todavía me seguía sintiendo así, y ella me decía que ya no siguiera pensando en eso, sino que confiara en Dios, porque Él, poco a poco, me haría libre y sanaría todas mis heridas. Yo me desesperaba porque sentía que Dios no me escuchaba, y por eso no me sanaba por completo.

Una noche soñé que estábamos varias personas reunidas en un campo, y que había muchos árboles a nuestro alrededor, y estábamos allí orando. Mientras más orábamos se vino un viento fuerte y los árboles mucho se movían; luego vimos como un ángel en medio de las nubes, vestido de blanco; y cuando ya venía más cerca, todos los que estaban allí reunidos comenzaron a volar hacia donde él, y únicamente yo no podía volar; y no sólo eso, sino que ya después, ni verlo podía, porque las personas que iban volando hacia él lo cubrían… y me sentía muy triste por no poder volar como lo hacían los demás. Luego, impresionada, desperté. Ese sueño me hacía pensar que necesitaba acercarme más a Dios, para poder ser sanada de todas mis heridas del pasado que todavía seguían atormentándome… Y eso es lo que trataba de hacer.

Todos los días me ponía a escuchar prédicas de una evangelista sobre la forma de vestir del cristiano, y de tanto escucharla, sin mucho pensarlo, agarré casi toda mi ropa y la eche a la basura; también el maquillaje, aretes, mi secadora y la plancha del cabello. Todo lo eché en la basura, y comencé a ponerme solo faldas flojas y largas. Según yo, vistiéndome de esa manera, ya era una santa, y Dios me escucharía y me sanaría más fácilmente… Pero lastimosamente no fue así, porque por muy santa que parecía por fuera, mi interior estaba sucio o dañado, y de nada me servía lucir así.

Engañaba a la gente, pero no a Dios; es más, ni era de mi agrado vestirme así, no me sentía cómoda. Vestirme así no había venido del corazón, sino que lo hice sólo porque la evangelista lo decía en sus prédicas; y lo peor del caso, hasta me ponía a criticar a las personas cristianas que no se vestían adecuadamente. Tenía "orgullo espiritual": me enfocaba y cuidaba mi vestimenta, pero me desenfocaba y descuidaba mi interior.

Le pedía a Dios de que me bautizara con el Espíritu Santo, porque según yo, con sólo vestirme "santamente" ya estaba lista para eso. Oraba y oraba y nada sucedía.

Otra noche soñé que era el miedo, el temor y el nerviosismo el que me impedía recibir el bautismo del Espíritu Santo; entonces, allí entendí de que no sólo se tiene que ser santo y limpio por fuera, sino también por dentro, y que para estar más cerca de Dios, tenía que ser limpio mi interior. Unos meses después que dejé de escuchar las prédicas de aquella evangelista, me arrepentí de haber echado todas mis cosas a la basura, y me volví a vestir de manera que me sintiera cómoda. Comprendí que el hecho de usar o no faldas, nada tenía que ver con ser cristiana. Ahora, un poco más madura espiritualmente, también he entendido que una persona no se salva por las obras, o por lo que hace, ni por lo que viste, sino por fe, por creer en Jesús, o sea por Gracia. Por supuesto, también entendí que una mujer cristiana es más bonita todavía, cuando se viste "con decoro". Dios ve y conoce nuestras intenciones, y no lo podemos engañar.

El proceso con mi hijo HUGO

En cierta ocasión mi hijito Hugo se me enfermó de tos fuerte; ya se estaba quedando sin respiración, por tanto lo llevé de emergencia al Hospital. Los doctores le diagnosticaron asma y lo internaron por tres días. Todo el tiempo tenía que estar allí, a su lado. A mi hijita la dejé al cuidado de mi cuñada.

Después de los tres días que pasó internado lo llevé a casa. Pasaba esa tos,, pero como a las dos o tres semanas le volvía, y de nuevo tenía que llevarlo rápido a Emergencia para que le controlaran y no vuelvan a internarlo. Ya se había vuelto costumbre para mí, porque muy seguido estaba en lo mismo.

Me dolía verlo entre la vida y la muerte. Cuando le daban de alta, con los medicamentos venía un "nebulizador" que debía ponerle cada dos horas, de día y noche. Un día le di un jarabe, y como era amargo, creo que le irritó el estomago, comenzó a vomitar y no paraba. Era de noche. Amaneció con diarrea y fiebre, más la tos persistente, provocaban que no quiera comer nada, y ya se me estaba deshidratando. Yo no sabía qué hacer. Llamé a la enfermera del hospital y ella me recetó el medicamento. Le conté lo sucedido, y me dijo que no me preocupara, que eso era por la reacción del medicamento, y que no era necesario llevarlo al hospital.

Al ver que el niño no quería comer nada y aún seguía con diarrea y vómitos, entonces llamé a los pastores de la Iglesia en donde me congrego, y les conté lo que sucedía. Ellos vinieron rápidamente a orar por él. Cuando llegaron, el niño estaba débil que ni abrir sus ojos podía, no podía ni moverse. Lo abrazaron y oraron por él, y desde ese día, gracias a Dios, ya no vomitó, la diarrea se le quito, y comenzó a recuperarse. Pero aún seguía enfermándose del asma. Cada vez que comenzaba a toser, yo sentía que el miedo me paralizaba, porque sabía que si tosía mucho, en unas dos horas tenía que llevarlo al hospital de emergencia.

Así pasamos como un año. La última vez que lo internaron fue en Octubre del 2019. Ahí me dije "no más"… y como siempre le pedía a Dios que lo sanara, empecé a confiar más en Dios, y cada vez que comenzaba con la tos, yo ya no me atemorizaba tanto, y rápido le ponía el nebulizador; ya no había necesidad de llevarlo al Hospital. Meses más tarde, cuando le comenzaba a dar tos, espontáneamente le pasaba, sin necesidad del nebulizador. Dios sanó a mi hijo. ¡La honra y la gloria sean para Él, pues Su misericordia es para siempre!

Arianna y su operación de amígdalas y de adenoides

Como escribí anteriormente, a mi hijita Arianna la diagnosticaron con Adenoides y amígdalas inflamadas, y la podían operar solamente cuanto cumpla hasta los cuatro o cinco años de edad. Efectivamente, cuando cumplió cinco años la operaron en el Hospital, sin ninguna complicación con la cirugía. Su recuperación fue rápida. Desde entonces no volvió a enfermarse, y tanto ella como nosotros sentimos un inmenso alivio y descanso. Gracias a Dios ya está sana y creciendo saludable.

En el año 2018 un pastor que visitó la iglesia donde me congrego, en el momento de la ministración puso su mano sobre mi hombro, y comenzó a orar por mí; luego me dijo, proféticamente, que en el 2021 Dios iba a prosperar mi camino en todas las áreas de mi vida, y que Dios me había traído a los EE. UU. con un propósito; que esperara, y que confiara en Él.

Desde ese día me aferré a esas palabras que me motivaron mucho a trazarme metas para crecer espiritualmente, pero lamentablemente no lograba tener resultados, porque siempre me quedaba a medio camino, debido a que no era constante en lo que hacía; y cuando me llegaba el desánimo, dejaba todo enterrado en el olvido.

Eran tantos mis miedos y temores, que sentía que todo me era imposible de lograr; me sentía incapaz, creía que estaba tan sólo destinada al fracaso, y que el éxito y las cosas buenas no eran para mí. Parecía que todo me salía mal. Cuando fracasaba en algo, ya no lo volvía a intentar, para no volver a equivocarme, y por temor al qué dirán. El "no puedo", y los "y…si", nunca salían de mi mente. Pero Dios sabe lo que hace, porque cuando nadie creía en mí, y todos me miraban como alguien insignificante, Dios si creía en mí, y tenía un propósito con mi vida.

Rodeada de mujeres soñadoras

Una hermana de la iglesia donde me congrego formó un grupo sólo de mujeres en WhatsApp, ya que por motivos del COVID 19, y como recién había comenzado a expandirse ese virus, entonces cerraron el templo por unos meses. No podíamos congregarnos. Ella nos invitó a que nos conectáramos todos los viernes por Zoom, con el fin de que leyéramos un libro, y luego poder aclarar todas las dudas el día de la reunión. Como yo no tenía ese buen hábito de la lectura, no le tome importancia; al fin de cuentas, yo estaba cómoda con mi vida, y no quería salir de mi zona de confort; me estresaba el sólo pensar en hacer algo nuevo o algo diferente.

Estaba tan acostumbrada a las tareas del hogar, vivía tan enfocada en eso, que me pasaba todo el día limpiando, cocinando, ordenando. Mantenía la casa impecable y en eso gastaba todo mi tiempo; quería tener todo bajo mi control, y no dejaba que Dios actuara. Me olvidaba de que necesitaba hacer otras cosas más importantes para mejorar y crecer como persona, no tenía un equilibrio en mi vida, y eso me hacía sentir aún más inútil. Además, era muy conformista, aunque, contrariamente, en el fondo de mi corazón deseaba ser diferente y crecer como persona.

La invitación a este Grupo de mujeres me ponía al frente a un grupo de personas, entonces, a pesar de mis temores, me conecté, entré a la reunión un poco tarde, medio las escuche hablar unos minutos, y me desconecte de la reunión. Al día siguiente, la persona encargada del grupo me escribió, y me preguntó si estaba interesada en leer el libro con ellas. Yo, casi por compromiso le dije que sí, pero que había un problema, que no tenía dinero para comprarlo, ya que por motivos del COVID 19 en ese tiempo mi esposo tenía como un mes de no trabajar, y el dinero que teníamos tan sólo nos alcanzaba para las necesidades básicas.

Creo que desde ese momento Dios la usó a ella para obrar en mi vida, porque ella vio que yo si tenía el deseo en mi corazón de ser alguien mejor, pero que algo me lo impedía, por lo que me dijo: "¿si yo te regalo el libro, entrarías al grupo?" Le conteste que sí. Como a las dos semanas más o menos me escribió para que fuera a su casa a recibir el libro.

Entendiendo el porqué de tanto sufrimiento

Comencé a leer el libro, y como los primeros capítulos no me gustaron, ni me motivaron, me desanimé; ya no sentía ánimos de seguir leyéndolo. Pero aun así, a puro empujones lo seguí leyendo. El libro se llama: ¡SUSURRO! COMO ESCUCHAR LA VOZ DE DIOS de Mark Batterson. Muy recomendable, por cierto.

Cuando llegué al Capítulo #9 comencé a motivarme, y sentí muchos deseos de seguir leyéndolo; tiene 11 capítulos, pero leyendo los últimos tres capítulos, Dios habló mucho a mi vida, tanto así que hasta lloraba mientras los leía. Desde ese momento comencé a entender el porqué de tanto sufrimiento causado en mi pasado, con eso entendí muchas cosas, y más con estas frases que dicen:

- No eres los errores que cometiste.
- No eres las etiquetas que te han puesto.
- No eres las mentiras que el enemigo ha tratado de venderte.
- Eres lo que Dios dice que eres.
- Eres hijo de Dios.
- Y que todos nuestros problemas de identidad surgen fundamentalmente de malentendidos respecto a lo que somos.

Al leer todo eso, sentía unas inmensas ganas de llorar, ya que por fin estaba comenzando a entender el porqué había sufrido tanto desde mi niñez, y que todo lo que me habían hecho creer, eran mentiras malvadas del enemigo.

Y como en ese mismo libro dice que al confesar nuestros pecados ante Dios recibimos el perdón, y que confesarnos los pecados unos a los otros forma parte esencial del proceso de sanar, no sólo para nosotros mismos, sino también para la persona ante quien nos estamos confesando, sentí el deseo en mi corazón de hablar con la misma persona que me regaló el libro, y así poder contarle toda la historia de mi vida, con el propósito de sacar los residuos de dolor, y poder sanarme y ser libre definitivamente.

Cuando hablamos, ella me supo escuchar y entender mi sufrimiento. Lloramos juntas. El que ella me escuchara, fue suficiente para que Dios comenzara el proceso de sanidad en mi vida. Días después ella me regaló otro libro, el cual me ayudó mucho más en mi sanidad emocional.

El comienzo del sueño de escribir este libro

Cuando terminamos de leer el libro SUSURRO, la encargada del grupo nos sugirió otro libro para que, igualmente, lo pudiéramos leer en grupo. Se titula "PERSIGUE TU LEÓN". Lo comenzamos a leer, y nuevamente Dios me ayudó a entender muchas cosas más sobre mi salud emocional.

La líder del grupo nos decía en la reunión, que de acuerdo con lo que fuéramos leyendo, escribiéramos en un papelito los sueños que quisiéramos alcanzar. Fue cuando llegamos al Capítulo #7 que sentí el deseo de escribir en un papelito. Anoté mi sueño de escribir un libro que hablara acerca del Bullying y Rechazo, puesto que había vivido esa experiencia en mi pasado y quería ayudar a otras personas a ser sanadas emocionalmente.

El papelito donde anoté mi deseo, lo pegué en la página en donde leí sobre ese sueño, y desde ese día, el deseo de escribirlo quedó en mi corazón. Cada vez se iba haciendo más profundo, y mientras esperaba por ese sueño, seguí leyendo el libro. Al terminar de leerlo, entró en mi corazón el deseo de seguir leyendo otros libros aparte de la Biblia, ya que la BIBLIA es lo esencial para leer, es la Palabra de Dios, la que nos llena y que nos da vida y salud emocional, y es la que primeramente leo.

Con ese deseo ardiendo en mi corazón, le dije a la líder del grupo, la misma que me regaló los dos libros, que si me podía recomendar algunos libros que me pudieran seguir ayudando en mi proceso de sanidad emocional, y me recomendó varios, los cuales he ido comprando y leyendo uno tras otro. Hasta ahora he comprado y leído mínimo unos cincuenta libros, pero principalmente leo la BIBLIA.

Cada libro me ha ayudado a entender que fui creada por Dios, con el propósito de adorarle, servirle y darle honra y gloria sólo a Él, y que no nací por accidente, ni por casualidad, como el enemigo me lo hacía creer, sino que la Voluntad de Dios era que yo naciera, y sólo Él sabe por qué y para qué.

La Biblia dice en Jeremías 1:5 ... *"Antes de que te formase en el vientre te conocí, y antes que nacieses te santifiqué, te di por profeta a las naciones"*. Este versículo me da a entender que fui planeada por Dios, y que no nací por error; y aunque para el mundo yo no signifique nada, estoy segura que para Dios sí soy importante, porque fui hecha para Su gloria, y creada a Su imagen; y también valgo mucho, porque Jesucristo dio Su sangre por mi, y mi identidad está en Él. ¡Estoy totalmente segura de que Dios me ama con amor eterno, y eso es suficiente para mí!

Dios es mi Padre y yo soy Su hija…. Y cada día que pasa sigo aprendiendo, Dios sigue trabajando en mí… ¡sigue sanándome!

Mientras esperaba por el sueño de poder escribir uno mío, seguía leyendo libro tras libro. Cuando leí "Una Vida con propósito", en el día 31… "Entiende tu FORMA", en la página # 245, Rick Warren explica que las experiencias dolorosas son las que Dios usa la mayoría de las veces, para preparar a alguien en su ministerio, y que, a través de esas experiencias, podemos ayudar a otras personas.

También dice: ¿Quién puede ayudar mejor a un alcohólico a superarse que alguien que haya luchado contra ese demonio y ha logrado su libertad?... Fue en ese momento, al leer esa página, que de repente se me vino a la mente la idea de escribir el libro sobre mi propia historia de vida.

En la historia de mi vida están integrados los dos temas de los cuales quería escribir, para, por medio de mi historia, ayudar a un sin numero de personas que a lo mejor están pasando por algo similar o peor de lo que yo pasé, a que hallen cómo salir de ese valle infernal.

Comencé a levantarme más temprano para escribir mi historia en una libreta. Me llevó mucho tiempo poder terminar de escribirla. Siempre escribía por las mañanas, antes de que mis hijos se despertaran. Me levantaba a las 4:30 o 5:00am a prepararle a mi esposo el almuerzo para que se lleve a su trabajo; él se iba, y yo me quedaba orando y leyendo la Biblia.

Enseguida me ponía a escribir, y cuando los niños se levantaban, me concentraba en atenderlos. Así, poco a poco, fui tomando ese hábito de escribir todos los días. A veces el desánimo y el sueño me visitaban, quería rendirme y dejar todo enterrado en el olvido, como antes siempre lo hacía; pero recordaba el motivo y el propósito por el cual lo estaba escribiendo, y que ya no era un sueño mío, sino un compromiso hecho ante Dios, y rápido me levantaba, tomaba fuerzas y seguía adelante.

Cuando concluí de escribir mis memorias, le di la libreta a la hermana de la iglesia quien anteriormente me regaló dos libros, ya que ella había estado apoyándome con este sueño desde el principio. Ella lo leyó, me dio grande ánimo, y me dijo las palabras que justamente necesitaba para seguir adelante con este sueño. Supe, en consecuencia, cuando me entregó la libreta, que era el momento de comenzar a pasarlo al computador… Allí estaba el detalle, porque yo no tenía una computadora, así que se me ocurrió bajar la app Word en mi celular. Allí comencé a escribirlo.

Me resultaba un poco difícil escribir en el teléfono, por lo pequeño de la pantalla. Felizmente, como desde el principio mi esposo me apoyó con este sueño, él me compró un teclado para "la tablet" de mi hija, y seguí escribiendo allí. Como en ese tiempo se acercaba mi cumpleaños, mi esposo me regaló una computadora,

¡justamente lo que necesitaba!. Siempre Dios provee todo lo que necesitamos y más cuando es para servirle y glorificarle.

Pero aunque ya tenía una computadora, había un pequeño problema: yo nunca aprendí a usar una computadora. Fui a la Academia de Computación, pero nunca puse interés en aprender; es que toda mi vida le había tenido pánico a las computadoras, porque pensaba que era algo difícil de manejar, y de los nervios, ni las teclas miraba.

Pero como dice un famoso escritor: "Dios no llama a los capacitados, sino que capacita a los llamados", así fue como este libro hoy está en manos de los lectores. Como dice el libro PERSIGUE TU LEÓN, los sueños de Dios tienen que ver más con los demás que con nosotros mismos… Y mientras yo cumplí con el sueño de Dios, Él cumplió con el mío, porque siempre había soñado con la posibilidad de algún día poder escribir un libro.

Cuando en mi pueblo estaba estudiando para Maestra, había una clase en donde nos ponían a escribir y a ilustrar libros infantiles; yo buscaba los cantitos, los escribía a máquina, los ilustraba y luego los mandaba a empastar, y quedaban como libros reales. A mí me gustaba hacer eso, y muchos años después, siempre se me venía a la mente escribir o sacar una película de mi historia de vida, ya que me parecía como una película o una novela. Pero de allí no pasaba, porque sentía que sería algo imposible, algo inalcanzable, o una tontería, o una idea loca, y menos contárselo a alguien, porque me podían etiquetar de loca. Y lo que un día creía inalcanzable o como una locura, hoy día es un sueño hecho realidad.

Sé que con la historia de mi vida, muchas personas se van a identificar, y va a ser de mucha bendición, edificación y ayuda, porque, así como Dios me ayudó a mí a salir adelante, también les puede ayudar. Con ese propósito escribí este libro, para ayudar a todas aquellas que necesitan una palabra de ánimo, porque sienten que su vida no tiene sentido. Como pueden ver, con la ayuda de Dios, siempre hay una salida; pero para ello, tenemos que buscarlo de todo corazón.

Todo requiere de un esfuerzo y de un sacrificio. Como dice el pastor y escritor Mark Batterson: "si quieres descubrir quién eres en realidad, busca a Dios". Y también dice: "si eres humilde y tienes hambre de Dios, no hay nada que Él no pueda hacer en ti, o a través de ti". Yo deseaba ser sanada, pero no hacía nada por conseguirlo; quería que todo me llegara solo porque sí, sin hacer ningún esfuerzo; permanecía cómoda en la misma rutina, todos los días, y no me atrevía a hacer algo diferente. Así como yo no hacía nada diferente, tampoco Dios iba a hacer algo diferente en mi vida.

Si queremos que nuestra vida sea diferente, tenemos que hacer cosas diferentes a las que estamos acostumbrados; tenemos que salir de la rutina. Yo no quería salir de la rutina por miedo e inseguridad, y por el qué dirán; y aunque esa decisión de encargarme del cuidado de los niños y del hogar fue tomada por mi esposo, aun así, muchas veces me sentía culpable, porque me la pasaba en la casa todos los días, según yo, sin hacer nada por la vida. Me sentía culpable por no poder ayudar a mi esposo con los gastos del hogar, y más cuando muchas personas me criticaban por eso.

También, la misma rutina de todos los días en la casa, me estresaba; pero entendí que con atender mi hogar y a mi familia, también estaba aportando. No necesariamente tiene que aportarse con dinero; muchas veces me dejé llevar por el qué dirán, y llegué a creer todo lo negativo que me decían; pero Dios, con Su infinita misericordia, me ayudó a salir de mi zona de confort, y con Su ayuda sigo adelante día tras día, porque sin Dios no somos nada… vivimos y existimos solo por Él y para Él. "Dios es bueno y para siempre es su misericordia". Toda la honra y la gloria es para Dios.

Un día mi esposo me dijo que algunos de sus compañeros de trabajo querían que yo les vendiera comida todos los días, por la noche, y le dije que sí; entonces comencé a venderles a diario. Unos meses después, a mi esposo le dieron trabajo temporalmente en un "Warehouse" que está cerca de mi casa, sólo los sábados, y habían de 20 a 25 trabajadores. Igualmente, le dijeron a mi esposo que les vendiéramos el desayuno y el almuerzo; mi esposo me consultó, y yo con gusto se los hacia, porque también me gusta cocinar. A veces no me daba abasto porque debía cocinar y también empacar tantas órdenes, en la mañana y en la tarde.

Cuando terminó el contrato de trabajo de mi esposo, los sábados, me pedían en los días de semana; ahí hacía más esfuerzo, porque enviaba las ordenes en taxi, ya que mi esposo ya no estaba trabajando allí, y no podía llevarse él las viandas.

Tenía que pagar él por el envío, y no me convenía trabajar de esa manera, por lo que dejé de hacerlo. De toda esa venta de comida que hacía, nació la idea de crear una página en Facebook la cual se llama: "Comida Al Estilo Chapín", y comencé a subir todas las fotos que les tomaba a los platos que hacía para vender. Anunciando por esa página he estado vendiendo poco a poco, y las ventas van aumentando, gracias a Dios, y por la referencia de las personas de alrededor de donde vivimos. Siempre le digo: ¡Gracias, Dios, porque todo lo que tengo y todo lo que soy te lo debo a Ti".

Sólo por Él tengo lo que tengo y soy lo que soy. ¡Su misericordia un día me alcanzó! Incluso hasta soñé una noche que estaba en una iglesia cantando con las manos levantadas, y en mis sueños justamente cantaba esto: // TODO LO QUE TENGO, TODO LO QUE SOY, TE LO DEBO A TI JESÚS //

Hasta la fecha todavía tengo en mi memoria la melodía de la canción con que soñé. Me la pasaba todo el día cantando, al punto que mi hija Arianna me decía: ¿Mami y por qué cantas siempre lo mismo todos los días? Yo me reía y le respondía ¡porque me gusta cantarlo. Todo lo que viví en el pasado me ha traído muchas enseñanzas. Aunque hubo días difíciles en los que el dolor fue paralizante y aterrador, pero en ellos también aprendí a amarme y a valorarme como persona, y aprendí a valorar más todo lo que tengo, y todo lo que soy, y a ser más agradecida y positiva, porque únicamente por la infinita misericordia de Dios es que estoy viva y de pie, contándoles la historia de mi vida.

No era merecedora de nada y lo tengo todo. Dios me ha bendecido en gran manera. Cuando el enemigo me hizo creer que no valía nada, que era fea, que nunca me casaría, Dios me dio un esposo maravilloso; y cuando el enemigo me hizo creer que no podía tener hijos, y que era estéril, Dios me dio no sólo uno, sino dos hijos hermosos: un niño y una niña.

Y como Dios derrama Sus bendiciones hasta que sobreabunden... en estos días que estoy terminando de escribir este libro, (Diciembre del 2022) estoy lista para la tercera cesárea, pues esperamos nuestro tercer bebé: Juan Francisco...

Para Dios no hay nada imposible, y todo llega a su tiempo y en el momento preciso. Dios sabe lo que hace y tiene todo bajo control, sólo tenemos que confiar y esperar en Él. Me siento muy feliz porque mi esposo aceptó a Jesús en su corazón. Todavía no es un miembro activo en la iglesia, pero estoy segura de que Dios hará la obra en él, en su momento preciso.

A mi esposo le gusta mucho escuchar prédicas, música cristiana y leer la Biblia; le gusta que yo esté sentada a su lado cuando la está leyendo; también oramos juntos todas las noches antes de acostarnos. A veces oramos tomados de la mano el uno por el otro, y en la mañana, cuando se va a su trabajo a las 4:30am o 5:30am, yo me quedo orando; y él siempre me llama y oramos juntos mientras llega a su trabajo.

Tenemos confianza y comunicación entre nosotros; y en los momentos de debilidad y desánimo, siempre estamos el uno para el otro, como equipo, y todo eso nos ha ayudado mucho en nuestro matrimonio, en nuestro hogar y con nuestros hijos. Porque para que un matrimonio permanezca unido y feliz, tiene que estar Dios siempre de por medio.

En fin, el mayor cambio en mí es el hecho de que creo más que nunca que soy amada y aceptada por Dios; y el saber eso, me ha liberado para aceptarme más a mi misma, sin rechazar esas partes de mi que no me gustaban. Sé muy bien que estoy lejos de ser perfecta, pero también sé, con certeza, que soy amada y escogida por un Dios perfecto.

También he dejado de compararme con otras personas que son mucho mas inteligentes y talentosas que yo, o que poseen cosas de las cuales yo carezco; entendí que cada ser humano es diferente en todas las áreas de la vida, y que para Dios todos somos importantes.

Hoy en día muchas mujeres se sorprenden y me felicitan por mi matrimonio, y por mi hogar estable y saludable, y me dicen que soy dichosa y afortunada, que quisieran tener un matrimonio y un hogar como el mío. Yo les explico que, para hoy estar así, primero tuvimos que pasar por un largo y duro proceso, y que si estamos bien y estables es por la pura misericordia de Dios. Y que estamos dispuestos a sostenernos de la Mano de Dios todo el tiempo, haciendo Su Voluntad y morando a Su abrigo, siempre.

Al final de todo, es el Amor el que siempre gana

Con toda esta historia pasada, vivida, experimentada y superada, me he sentido identificada con esta alabanza de Marcela Gándara, la cual me gusta mucho:

UN LARGO VIAJE

//Ha sido largo el viaje//
//Pero al fin llegué//

La luz llegó a mis ojos
aunque lo dudé
Fueron muchos valles
de inseguridad,
los que cruce.

//Fueron muchos días
de tanto dudar
pero al fin llegué
llegué a entender…//
///Que para esta hora he llegado
para este tiempo nací.
En Sus propósitos eternos yo me vi. ///

Para esta hora he llegado
aunque me ha costado creer,
entre Sus planes para hoy
me encontré.

Y nunca imaginé que
dentro de Su amor,
y dentro de Sus planes
me encontraba yo.

Fueron muchas
veces que la timidez

me lo impidió.
Ha sido largo el viaje,
pero al fin llegue…

Gracias por llegar hasta esta página final; deseo de todo corazón que haya sido un tiempo invertido para mucha bendición y edificación. Que cada lector que haya encontrado pensamientos, ideas, vivencias, experiencias parecidas, al reflejarse en ellas, haya obtenido una luz para superarlas.

Un fuerte abrazo, Dios les bendiga,

¡Cristo los ama!

*"El amor es paciente, es bondadoso.
El amor no es envidioso ni jactancioso
ni orgulloso. No se comporta con
rudeza, no es egoísta, no se enoja
fácilmente, no guarda rencor."*

1 Corintios 13:4-5

Dedicado a:

____

____

____

____

____

____

____

ROMPIENDO
EL SILENCIO
DEL MALTRATO INFANTIL Y EL PECADO,
A LA CONSTRUCCIÓN DE UNA FAMILIA BENDECIDA

Publicado en U.S.A.